Das Schweriner Schloss

Renate Krüger

Das Schweriner Schloss
Residenz und Denkmal

Mit Fotos von Rainer Cordes

INHALT

- 8   Alle Wege führen zum Schloss
- 16   Die alten, aber durchaus nicht immer guten Zeiten
- 39   Schweriner Biedermeier
- 54   Schlösser auf dem Papier – Denkmäler für die Vergangenheit
- 74   Georg Adolph Demmler und die mecklenburgische Verfassung
- 88   Ein Obotritenschloss mit Preußens Billigung
- 106   Der Einzug
- 122   Der Schlossbrand und was danach kam
- 134   Lebendiges Denkmal
- 148   Zeittafel
- 154   Grundrisse
- 157   Stammtafel des Hauses Mecklenburg
- 161   Summary
- 165   List of Illustrations

Blick über die Dachlandschaft des Schlosses

Alle Wege führen zum Schloss

Annäherungen

Das Schloss steht im Mittelpunkt der Stadt Schwerin, jedoch nur historisch, nicht aber optisch-räumlich. In dieser Beziehung liegt es eher am Rande. Dennoch – die Ausstrahlungskraft des historisch Gewachsenen ist auch in visueller Hinsicht noch immer so wirksam, dass alle Wege nach und in Schwerin das Schloss zum Ziel zu haben scheinen. Dazu kommt, dass der Bekanntheitsgrad des Schweriner Schlosses seit der Neugründung des Landes Mecklenburg-Vorpommern im Jahre 1990 um ein Vielfaches gewachsen ist. Als Sitz des Landtages ist es in vielen Medien von dominanter Präsenz. Als Mittelpunkt der Bundesgartenschau 2009 hat es bei Besuchern und beim TV-Publikum einen bleibenden Eindruck hinterlassen. Auch die regionale Werbung bedient sich mit Vorliebe dieses Motives in unterschiedlichen grafischen Umsetzungen. Besucher und Touristen bringen meist schon eine gewisse Vorstellung mit, und das Schloss erweist sich nicht nur als vielversprechendes Ziel auf dem Reiseprogramm, sondern meist als der Höhepunkt der Schweriner Eindrücke.

Das Schweriner Schloss ist nicht nur ein Bauwerk, das viel bewundert wird und dessen Bekanntheitsgrad höher ist als der der Stadt Schwerin, es ist auch ein eigenes System, in dem sich ein ganzer Kosmos zeigt: Pläne, Vorstellungen, Sehnsüchte, Übertragungen, kreative Energie, Erfolge, Niederlagen, Schicksale. Bei der Betrachtung dieses Bauwerkes und beim Speichern der Erinnerungen sollten diese Bereiche auch immer im Bewusstsein bleiben.

Je näher man dem Bauwerk kommt, umso mehr wird man von den Assoziationen eines Märchenschlosses gefangengenommen. Hier fehlen nur noch Damen in Krinolinen, Stöckelschuhen und mit Sonnenschirmen, Reiter mit blitzenden Sporen, gemächlich dahinschreitende Herren mit hohem Zylinder und Monokel – unter ihnen gar der Großherzog selbst, umgeben von Adjutanten und Kammerherren …

In der Tat – ein echtes Schloss, ein Bau wie aus einem alten Bilderbuch, gelegentlich auch als Neuschwanstein des Nordens bezeichnet (ein durch-

*Johann Karl August Richter:
Blick vom Werder auf Schwerin. Umrissradierung*

aus hinterfragbarer Vergleich). Die Blicke umfassen Türme und Türmchen, Gesimse und Vorsprünge, Kuppeln und hohe Schornsteine, Erker und Giebel, Balustraden und Galerien, Figuren und Ornamente, Reliefs und Filigran, Quader und glasierte Steine – man kommt mit seinen Beobachtungen und Eindrücken an kein Ende. Immer wieder neue Einzelheiten, andere Formen, wechselnde Wirkungen. Unmöglich, das Schloss mit einem Blick zu erfassen! Man muss herumgehen. Das dauert eine kleine Viertelstunde, aber danach hat man einen ersten Überblick.

Jetzt empfiehlt es sich, den Schlossgrundriss zur Hand zu nehmen. Daran kann man ziemlich schnell erkennen, dass die Schlossflügel zwar rings um einen fünfeckigen Hof angeordnet sind, dass das Bauwerk aber dennoch sechs Fassaden besitzt. Kein Wunder also, dass alles so vielgestaltig und unübersichtlich ist. Man müsste sich schon daranmachen, jede Fassade einzeln zu studieren.

Hauptkuppel mit der Statue des Erzengels Michael

Rechts: Eingangsfassade

Schlossbrücke und Schlossstraße werden beherrscht von der schmalen Eingangsfassade mit dem Reiterstandbild des Obotritenfürsten Niklot (1090–1160, er unterlag in einer Schlacht bei der Burg Werle gegen Heinrich den Löwen) hoch oben in der offenen Turmhalle. Der Fassade zum Burgsee schließt sich diejenige zum Schlossgarten an, die den am meisten geschlossenen Eindruck macht und am schönsten aus der Ferne in der Achse der Kaskaden und des Kreuzkanals wirkt. Zum Burggarten und Schweriner See hin flankieren zwei Fassaden den Hauptturm des Schlosses. Den Abschluss bildet die Fassade zur Werderstraße hin, die von den Kronen der hohen Bäume verdeckt wird.

Das Schloss zeigt sich zu jeder Jahreszeit schön und überraschend, sogar an den zahlreichen Schweriner Nebel- und Regentagen. Dann scheint es zu

garantieren, dass nicht alles in Wasser und Dunst zerfließt, ein festes Bollwerk gegen das lähmende Grau und die sich auflösenden Umrisse.

Unvergesslich bleibt für jedermann der Anblick des winterlichen Schlosses bei Schnee und Raureif. Die weiße Garnierung modelliert die architektonische Gliederung scharf, ja überscharf heraus, und wenn dann die Sonne auf den Schnee fällt, ist diese ausdrucksvolle Schönheit vor der Kulisse bereifter Bäume nicht zu steigern. Zu dieser Jahreszeit bevölkern meist Wassertiere den Burggarten, weiße und schwarze Schwäne, schwarze Wasserhühner, graubraune Enten und Erpel, zahlreiche Möwen.

Im zeitigen Frühjahr wirkt das Schloss am schönsten in der Morgensonne von der Seeseite her, wenn an den Bäumen und insbesondere an den Weiden des Burggartens die ersten grünen Spuren sichtbar werden.

Zu den stärksten Schweriner Sommereindrücken zählt der Anblick der Segelboote von der Schlossinsel aus als einer lebendigen, gleitenden Kulisse. Gerade zu dieser Jahreszeit muss man bei der Betrachtung des Schlosses an das Märchen vom Dornröschen denken, denn die Schlossmauern sind eingebettet in Blüten, Ranken und Baumwipfel.

Ein unvergleichlich prächtiges Bild bietet das Schloss während der herbstlichen Laubfärbung von der Höhe der Johannes-Stelling-Straße in der über 700 Meter langen Perspektive des barock-symmetrischen Schlossgartens. Bei klarem Wetter spiegelt sich die Gartenfassade über der grüngoldenen Kulisse der Baumwipfel im Wasser des Kreuzkanals.

Zu jeder Jahreszeit unveränderlich schön ist die Stadtfassade des Schlosses, wenn die Sonne schon tief im Westen steht. Dann leuchten und glänzen die glasierten Steine und die patinierten Kupferteile der Türme, ein unvergesslicher Anblick. Besonders kostbar und lockend wirkt das Bauwerk, seit Hauptkuppel, Turmspitzen und Dachfirste ihre türkisgrünen Kupferverzierungen abgelegt haben und einen Goldschmuck tragen. Dieses glänzende Geschmeide weckt Aufmerksamkeit und zieht viele Blicke auf sich.

Seit einigen Jahrzehnten bietet das Schloss als Krönung des Ensembles am Alten Garten auch bei Nacht einen geheimnisvoll prächtigen Anblick im Licht von Scheinwerfern und Laserstrahlen, deren Wirkung sich in der Zukunft noch steigern wird.

Am deutlichsten wird die malerische Einbettung in die Schweriner Stadtlandschaft aus der Luft oder aus der Ferne. Eine schönere Insellage dürfte wohl kein anderes deutsches Schloss haben. Durch diese Insel mit den beiden Brücken wird der Burgsee vom Schweriner See abgeteilt. Die Insel wird vom Schlosskomplex fast ganz ausgefüllt, es bleibt gerade noch Platz für die rahmenden Baumkulissen.

Andererseits erscheint die Stadt mit ihrer Umgebung aus der Perspektive des höchsten Schlossturmes besonders klar in ihren Möglichkeiten und Begrenzungen. Der Stadtteil Lankow scheint nicht weit entfernt von der Achse der Schlossstraße zu liegen. Die Flächen der Schweriner Seen wirken wie Dämme gegen die Häuserflut. Spielzeughaft verkleinert kreuzen die Segelboote auf dem Schweriner See. Der Schlossgarten erinnert in seiner strengen Symmetrie an eine barocke Theaterkulisse, der Schlosshof selbst wirkt wie eine Schlucht mit vielen kleinen Höhleneingängen in eine ehemalige fürstliche Wohnung, strahlend nach außen, düster, fast drohend im Inneren.

Dennoch – der Besucher ist neugierig, er möchte hinein, um diese ineinander geschachtelten Zimmerfluchten auch für sich zu erobern. Hier wohnte der Großherzog. Hier war der Mittelpunkt des norddeutschen Territorialstaates Mecklenburg, hier liefen die Fäden zusammen. Der Thronsaal ist die Herzmitte des Schlosses. Der Ausstrahlung seiner aufwändigen Pracht kann sich auch der heutige Betrachter nicht entziehen. Hier mündeten durch Jahrzehnte auf verschiedene Weise alle Wege nach Schwerin. Diesem Thron erwies jedermann seine Reverenz. Hier zeigte sich der Großherzog als Landesherr und Vaterfigur. Er lebte im Bewusstsein von Kontinuität und Tradition, verkörpert und dokumentiert in der langen Reihe von Ahnenbildern, die man in glatter Malerei und prunkvollen Rahmen an den Wänden der Galerie neben dem Thronsaal betrachten kann.

In der Schlössergalerie im Zugang zum Thronsaal kann der Besucher die gleichfalls lange Reihe der großherzoglichen Wohnsitze, gemalt von Friedrich Jentzen (1815–1901) abschreiten: Gadebusch und Dargun, Wismar, Rostock und Güstrow, Doberan-Heiligendamm, Ludwigslust und andere. Aber keiner dieser Schlossbauten entspricht dem Bild eines fürstlichen Wohnsitzes so überzeugend wie das Schweriner Schloss.

Seiten 14/15: Blick aus der Luft auf das Schloss und seinen Garten, im Hintergrund der Schweriner Dom vor dem Pfaffenteich und weiter links die Paulskirche

Die alten, aber durchaus nicht immer guten Zeiten

Die Anfänge

Die erste Nachricht, die uns über die bebaute Schlossinsel überliefert wurde, ist mehr als tausend Jahre alt und stammt aus dem Bericht eines arabischen oder jüdischen Reisenden, vermutlich eines Kaufmanns, namens Ibrahim ibn Jakub aus Andalusien, vom Jahre 973. Diese Reise hat 965 stattgefunden. Ibrahim ibn Jakub erwähnt eine Inselburg in einem Süßwassersee, und damit kann eigentlich nur die alte obotritische Grenzburg gemeint sein, einer der Vorgängerbauten des heutigen Schweriner Schlosses. Nach seinen Formulierungen dürfte die Burg damals noch im Bau gewesen sein.

Etwas ausführlicher schrieb 1018 der Chronist Thietmar von Merseburg (975–1018) über die Inselburg. Das Aussehen dieses frühgeschichtlichen Bauwerkes wird durch Vergleiche mit anderen, inzwischen ausgegrabenen Burgen aus der gleichen Zeit vorstellbar. Die strategische Lage schien absolute Sicherheit zu garantieren. Die Insel war vom Ufer des Festlandes zwar nicht weit entfernt, dieses bestand jedoch in breiter Abmessung aus unzugänglichem Moorboden. Somit konnte man die Burg nur im tiefen Winter angreifen, wenn See und Moor gefroren waren.

In jener alten Zeit war die Insel kleiner und niedriger als heute. Ihre jetzige Form erhielt sie durch immer neue An- und Aufschüttungen. Wie um andere Burgen dieser Frühzeit bildete wahrscheinlich ein festgestampfter und mit schweren Findlingen gesicherter Erdwall nebst einer Palisadenmauer aus eingerammten Pfählen einen starken Schutzring. Eine breite Bohlenbrücke mit schnell abnehmbarem Belag bildete die Verbindung zum Festland. Die Gebäude wurden in Blockbauweise aus Holz errichtet und zeigten sich vermutlich als Meisterwerke früher Zimmermannskunst. Die Wände bestanden aus übereinandergelegten Balken. Bei Ausgrabungen im Jahre 1987 stieß man auf Teile des alten slawischen Burgwalles. Die Burg auf der Insel im Schweriner See war Teil eines weit verzweigten Systems von Rückzugs- und Verteidigungsanlagen, die sich über das ganze Land erstreckten und auch in den benachbarten Territorien anzutreffen sind. Sie war auch einer der Sitze des letzten Obotritenfürsten Niklot, der vergeblich versuchte, die slawischen Stämme zu einen und die Fundamente zu einem slawischen Staat zu legen. Die Erinnerung an die slawischen Wurzeln blieb im Schweriner Schloss stets lebendig.

Das mittelalterliche Burgschloss

Im Jahre 1160 wurde die Inselburg von dem sächsischen Herzog Heinrich dem Löwen (um 1130–1195) im Zuge der Ostexpansion eingenommen, nachdem sie von den Slawen zerstört und verlassen worden war. Von einer größeren Ansiedlung oder gar einer Stadt kann noch keine Rede sein. Am Westufer des Schweriner Sees hatte sich lediglich ein slawisches Fischerdorf entwickelt. Zur Keimzelle der im Jahre 1160 durch Heinrich den Löwen gegründeten Stadt Schwerin wurde wahrscheinlich die deutsche Kaufmannssiedlung in der Nähe des heutigen Marktes. Auf den Fundamenten der obotritischen Inselburg erbaute Heinrich wegen der guten strategischen Lage eine neue Burg, die er mit einem Grafen besetzte. Diese Burg des Grafen Gunzelin (zwischen 1125 und 1130–1185) dürfte sich kaum von der Vorgängerburg unterschieden haben. Die Nachfahren der obotritischen Stammesfürsten wurden zu Vasallen des deutschen Kaisers und residierten auf ihrer Burg Mecklenburg südlich von Wismar. Nach Schwerin kamen sie erst 1358, nachdem sie die Schweriner Grafenwürde durch Kauf erworben hatten.

Für die Jahre 1350 und 1374 werden urkundlich ein Zeughaus und ein Turm auf der Burginsel im Schweriner See erwähnt. Wie die Burg damals aussah, wissen wir nicht. Bei Bauarbeiten gefundene Brandschichten mit Resten mittelalterlicher Ofenkacheln weisen auf alte Feuerkatastrophen hin. Vermutlich war diese Burg recht bescheiden und enthielt außer Turm und Zeughaus vielleicht nur einige hölzerne Gebäude innerhalb einer Palisadenbefestigung. Die Begriffe Schloss und Burg stammen aus einer gemeinsamen Wurzel: dem Türschloss (damit war der Türriegel gemeint). Dieses Schloss verhinderte das Eindringen von Feinden, und die Burg erwies sich als Ort, an dem man sich geborgen fühlte. Später bezeichnete man mit dem Begriff Schloss eine unbefestigte repräsentative Wohnanlage des Adels.

Luftaufnahme von Südwesten

Auf eine spätmittelalterliche Erbauungszeit deuten Details einiger im 19. Jahrhundert abgerissener Gebäude, wie Back- und Brauhaus hin, vor allem wegen einer unregelmäßigen Fenstereinteilung. Von einem schlossähnlichen Charakter kann man dabei kaum sprechen. Der stellte sich erst um die Wende zum 16. Jahrhundert ein, als die Fürsten insgesamt mehr Wert auf repräsentative Wohnbauten legten und es nicht mehr nur auf die Verteidigung ankam, weil die fürstliche Macht ohnehin beträchtlich angewachsen war.

Das Renaissanceschloss

Damals wurden also auch auf der Schweriner Schlossinsel Repräsentationsbauten errichtet, von denen heute noch das »Bischofshaus« (benannt nach Herzog Magnus III., der von 1532 bis 1550 die Schweriner Bischofswürde beanspruchte) auf der Seeseite steht. Der Burgcharakter trat in den Hintergrund. Im Bischofshaus wurde später der Thronsaal eingerichtet. Nördlich daran anschließend erbaute man von 1553 bis 1555 unter Herzog Johann Albrecht I. (1525–1576) das wohl schon um 1500 entstandene »Große Neue Haus« (auch »Großes Langes Haus« genannt) neu. Beide Gebäude erhielten eine reiche Dekoration aus sattroten Terrakottaplatten mit antiken und zeitgenössischen Porträts und Ornamenten. Diese Terrakottaplatten wurden als Massenware in der Lübecker und Schweriner Werkstatt des Statius von Düren hergestellt, über den es urkundliche Erwähnungen von 1551 bis 1566 gibt. Solche Terrakottaplatten finden sich auch am Schloss in Gadebusch und am Fürstenhof in Wismar, hier und da verstreut auch in der weiteren Umgebung bis Salzwedel und Stralsund. Sie waren und sind eine willkommene farbige Verzierung für Repräsentationsbauten in einer Landschaft, die weitestgehend ohne den künstlerisch leicht zu bearbeitenden Sandstein auskommen muss und wurden zu charakteristischen Merkmalen der norddeutschen Backsteinrenaissance. Wie reich sind jedoch im Vergleich dazu die Sandsteinformen an den etwa gleichzeitig errichteten Schlössern in Dresden oder Torgau!

Das Schweriner Große Neue Haus besitzt eine durch waagerechte und senkrechte Teilungen sowie durch Gesimse und Pilaster geprägte typische Giebelform, die auf die mitteldeutsche Renaissancearchitektur hinweist.

Der Schweriner Hof unterhielt rege Beziehungen zu den sächsischen Fürstenhäusern und nahm viele Anregungen auf.

Im Erdgeschoss des Großen Neuen Hauses befindet sich die um 1520 erbaute Hofdornitz, jetzt ein zweischiffiger, fünfjochiger Fest- und Waffensaal mit einem noch recht mittelalterlich wirkenden Netzgewölbe auf wuchtigen Rundpfeilern, die gleichfalls mit Terrakotten verziert sind. Der Begriff ist aus dem slawischen dorniza – beheizbare Stube – abgeleitet und bezeichnet den geheizten Bereich einer mittelalterlichen Burganlage, der oft aus einem einzigen, bisweilen aufwändig ausgestatteten großen Raum im Erdgeschoss bestand. Gewölbt sind auch alle anderen Keller- und Erdgeschossräume des Großen Neuen Hauses.

Um ganz sicher zu gehen, wurden um die Mitte des 16. Jahrhunderts im Nordwesten, Südosten und Südwesten des Schweriner Schlosses Bastionen zur Abwehr von Angriffen angelegt, die dem Bauwerk Festungscharakter verliehen, wie denn auch das Schloss in Urkunden noch lange als »Veste« bezeichnet wurde. Ausführende dieser Bauten waren vermutlich italienische Festungsbaumeister, die nach der Jahrhundertmitte unter Francesco a Bornau in Dömitz arbeiteten.

Es kam jedoch nicht zu einer überwältigenden renaissancistischen Prachtentfaltung, auch dann nicht, als rechtwinklig an das Große Neue Haus eine Schlosskapelle angefügt wurde, der erste protestantische Kirchenneubau in Schwerin und in Mecklenburg. Diese Kapelle entstand auf Veranlassung des Herzogs Johann Albrecht I. nach Entwürfen des Baumeisters Johann Baptista Parr (gest. nach 1586), eines aus Schlesien stammenden Baumeisters, der sich auch auf Militärarchitektur verstand und zuerst 1558 in Schwerin und zuletzt 1586 in Finnland urkundlich erwähnt wurde. Sein Bruder, Franz Parr, war am Güstrower Schlossbau tätig. Ausführender Baumeister war Christoph Haubitz, der von 1549 bis 1587 in Urkunden Erwähnung findet.

Die protestantischen Schlosskirchen des 16. Jahrhunderts zählen zu den künstlerisch wertvollsten zeitgenössischen Kunstschöpfungen überhaupt, verkörpern einen neuen architektonischen Typ und stellen eine eigenständige Leistung innerhalb der künstlerischen Architekturformen dar. Ihre Grundidee ist der einschiffige, chorlose Gottesdienstraum, der von mehrgeschossigen Emporen eingefasst wird, ein Raum zum Zuhören, nicht mehr zur Entfaltung gottesdienstlich-kultischen Reichtums.

Denkmal der Großherzogin Alexandrine im Grünhausgarten, errichtet 1908

Rechts: Pilasterfigur an der Schlosskuppel

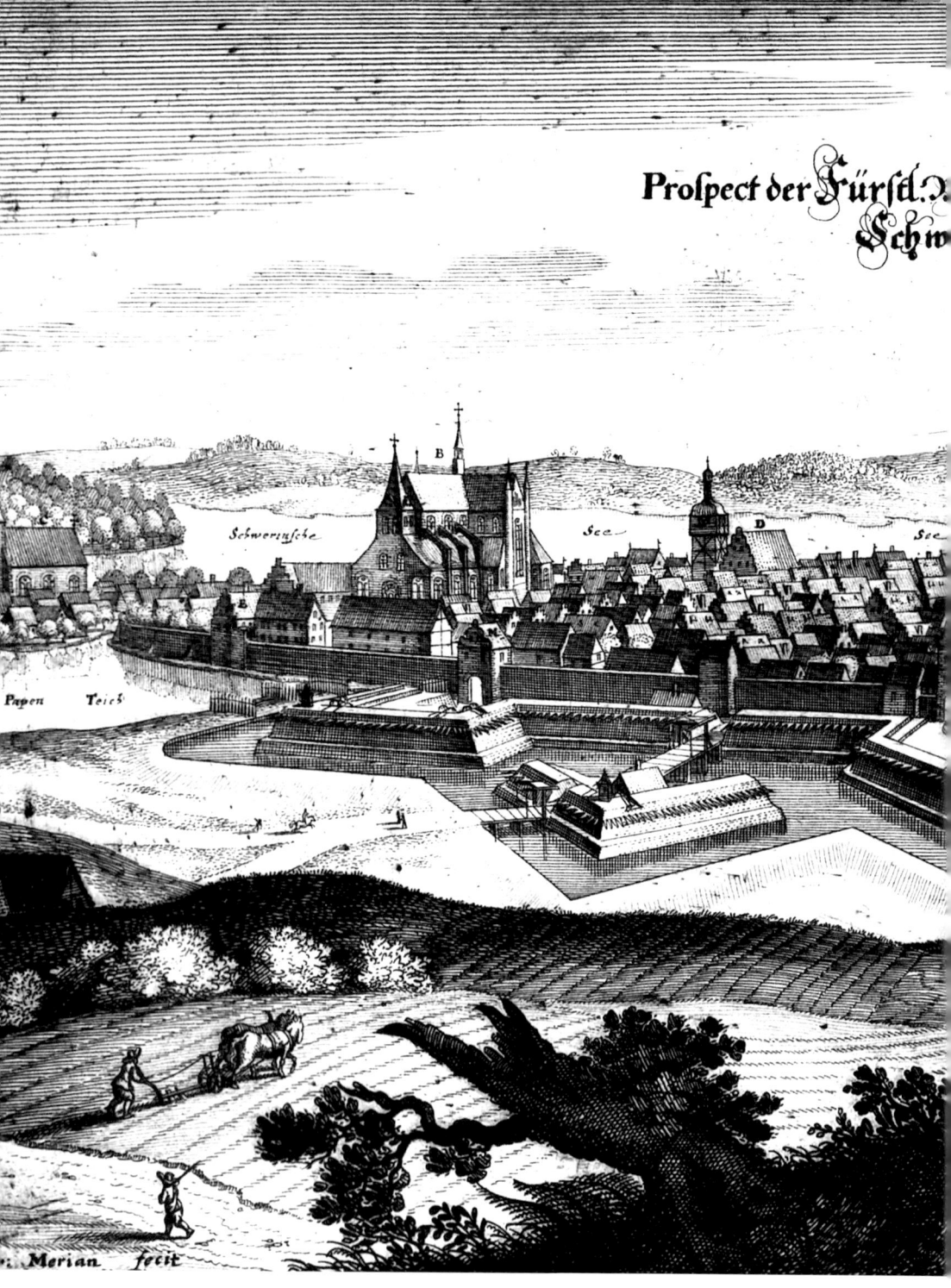

Caspar Merian: Ansicht der Stadt Schwerin, 1653. Kupferstich

Giebel des Bischofshauses an der Gartenfassade

Links: Burgseefassade

Unmittelbare künstlerische Vorbilder und Orientierungspunkte der Schweriner Schlosskirche, die von 1560 bis 1563 erbaut wurde, sind die kurz zuvor errichteten Schlosskirchen von Dresden und Torgau (Schloss Hartenfels) mit ihrem gleichfalls rechteckigen Grundriss und den Emporen an den Längs- und Schmalseiten. Das dämmerige Netzgewölbe wirkt noch wie eine Erinnerung an das ausgehende Mittelalter, doch obwohl es von Säulen toskanischer Ordnung gestützt wird, hat es keine architektonische Funktion mehr; die Säulen tragen eine leichte Last, die nur noch als Dekoration wirken soll.

Zur Ausstattung der Schlosskirche wurde auch teurer Sandstein verwendet, und zwar für Altar, Kanzel und Portalrahmung. Alle diese Ausstattungsstücke bestellte Herzog Johann Albrecht I. 1560 persönlich in Sachsen. Die künstlerische Ausführung lag in den Händen von Bildhauern, die auch in Torgau tätig gewesen waren, nämlich von Simon und Georg Schröter und Hans Walther (1526–1568). In den Fensternischen der nördlichen Empore befinden sich Alabasterreliefs mit biblischen Darstellungen. Einige von ihnen stammen von dem Niederländer Willem van den Broeck (1530–1580), genannt Paludanus, darunter die »Erhöhung der ehernen Schlange« mit der Signatur des Künstlers. Dieser Kunstimport zählt zu den wertvollsten Stücken der Renaissancekultur in Mecklenburg. Johann Albrecht I. war ein typischer Renaissancefürst mit humanistisch-wissenschaftlichen Neigungen, der in regem Briefwechsel mit vielen geistig aufgeschlossenen Zeitgenossen stand.

Mit der Schlosskirche war die Bautätigkeit des 16. Jahrhunderts und somit die wichtigste Periode des Schlossbaus vor der umfassenden Neugestaltung im 19. Jahrhundert vollendet. Vorausgreifend sei darauf hingewiesen, dass beim Neubau des Schlosses 1855 die ursprüngliche Form der Kirche in einem solchen Maße durch neugotische Elemente entstellt wurde, dass der alte Raumeindruck kaum nachvollzogen werden kann.

Zwischenzeiten

Zunächst hatte es so ausgesehen, als würden sich auch die Formen der Spätrenaissance des 17. Jahrhunderts noch in reicher Fülle an einem neuen Bauabschnitt des Schweriner Schlosses niederschlagen. Im Jahre 1612 hatte nämlich Herzog Adolph Friedrich I. (1588–1658) den Baumeister Gheert Evert Piloot (gest. 1629) aus Emden in seine Dienste berufen und ihn neben anderen Aufgaben auch mit Plänen zu einem Neubau des Schweriner Schlosses beauftragt. Piloot war einer der charakteristischen Universalarchitekten der Renaissance. Er konnte offenbar einfach alles. Seine künstlerische Planung reicht vom Gesamtentwurf bis in die kleinsten Einzelheiten. Piloot hatte auch einen guten Ruf als Festungsbaumeister. Leider kamen die 1617 begonnenen Bauarbeiten in den Wirren des Dreißigjährigen Krieges bald wieder zum Erliegen.

Nach den erhalten gebliebenen Zeichnungen kann man sich vorstellen, wie Piloot das neue Schloss gedacht hatte, nämlich als massigen dreigeschossigen Baukörper mit kräftigen, horizontal verlaufenden Gesimsbändern und einer Vielzahl von Fassadentürmchen zur Betonung der Vertikalen.

Als sich am 11. Mai 1620 König Gustav Adolf von Schweden (1594–1632), einer der um die europäische Vormacht kämpfenden Monarchen, während der Reise nach Berlin im Schweriner Schloss aufhielt, mag er noch den Eindruck gewonnen haben, hier bemühe man sich um Aufstieg und Prestigegewinn, hier werde gebaut. Vielleicht stand seine längere Unterredung mit dem mecklenburgischen Herzog Adolph Friedrich I. bei der es zweifellos auch um strategische Belange ging, ganz unter diesem Eindruck.

Von Piloots interessanten Plänen wurde nur ein Bruchteil ausgeführt, nämlich das »Haus über der Schlossküche« südlich des Bischofshauses und die Erhöhung des Kirchenflügels zu einem dreigeschossigen Bau zwischen 1635 und 1643. Zu dieser Zeit wurde der Schlosskirche ein Treppentürmchen mit Laterne und Zwiebelkuppel angefügt.

Zuvor war auch Schwerin schon in die militärischen Auseinandersetzungen des Dreißigjährigen Krieges einbezogen worden. Am 16. März 1629 wurde das Schloss von kaiserlichen Truppen besetzt. Im Juli desselben Jahres weilte der Feldherr Albrecht von Wallenstein (1583–1634), von Kaiser Ferdinand mit dem Herzogtum Mecklenburg belehnt, im Schweriner Schloss. Zwei Jahre später, im Juli 1631, wurde die 160 Mann starke kaiserliche Schlossbesatzung von 600 Mann schwedischer Truppen überwältigt, wobei das Schloss von Ostorf aus unter Kanonenbeschuss geriet.

Im Jahre 1685 nahm einer der fähigsten und bemerkenswertesten Naturwissenschaftler seiner Zeit, der Däne Niels Stensen (1638–1686), seinen

Aufenthalt in Schwerin, allerdings nicht als anerkannter Anatom und Geologe, sondern als katholischer Priester und päpstlicher Vikar für die Katholiken des Nordens. Unter dem zum Katholizismus übergetretenen Herzog Christian Louis I. (1658–1692) hatte sich in Schwerin eine kleine katholische Hofgemeinde gebildet, die nun ein Jahr lang von Stensen betreut wurde. In der Schlosskirche fand katholischer Gottesdienst statt. Bischof Niels Stensen starb 1686 in Schwerin und wurde 1988 von Papst Johannes Paul II. in das Verzeichnis der Seligen aufgenommen.

Die Zeit barocker Bautätigkeit ging am Schweriner Schloss fast spurlos vorüber. Dennoch fand der russische Zar Peter der Große (1672–1725), der sich im April 1716 anlässlich der Vermählung seiner Nichte Katharina Iwanowna mit dem mecklenburgischen Herzog Carl Leopold in Schwerin aufhielt, die Umgebung des Schlosses so schön, dass er davon mehrere Ansichten zeichnen ließ und nach St. Petersburg mitnahm.

Um die Mitte des 18. Jahrhunderts wurden am Kapellenflügel ein Galeriegebäude aus Fachwerk zur Aufnahme der herzoglichen Gemäldesammlung und auf der nordöstlichen Bastion ein zierlicher Teepavillon errichtet. Die Freitreppe wird von vier Putten aus der Hand des Bildhauers Johann Christoph Lücke (1703–1780) gesäumt.

Die grüne Kunst

Und doch hat auch die Barockzeit in Schwerin ein bedeutendes Kunstwerk hinterlassen, nämlich den Schlossgarten, der neben den Ludwigsluster Gartenanlagen zu den gelungensten Parkschöpfungen in Mecklenburg zählt. Sein Ursprung war ein Nutzgarten an den Hängen, der bereits 1577 erwähnt wurde und aus dem man Obst für die fürstliche Tafel bezog. Später diente er auch als »Lustgarten« – Vorform einer Parkanlage –, in dem sich die Damen und Herren von Stand präsentierten. Dieser Obstgarten ist bis 1672 nachweisbar. Danach ließ sich Herzog Christian Louis I. einen neuen »Lustgarten« im französischen Stil von den Gartenarchitekten Vandenille und Lacroix anlegen. Eine Voraussetzung dazu war die weitere Trockenlegung des sumpfigen Geländes. Der Lustgarten bestand aus vier, durch rechtwinklig sich schneidende Kanäle getrennten Quartieren, die mit Taxuspyramiden geschmückt und mit Pavillons ausgestattet waren. Dazu kamen im Laufe der Zeit noch gemalte Perspektiven am Ende kleiner Lindenalleen, Skulpturen und Springbrunnen. Diese Ausstattung war jedoch nicht auf Dauer angelegt, und man musste ihrer Vergänglichkeit immer wieder wehren.

Für die barocke Parkanlage ist Wasser in Kanälen oder Bassins unverzichtbarer ästhetischer Bestandteil, und so wurden die beiden seitlichen Begrenzungskanäle des Schweriner Schlossgartens schon zu Beginn des 18. Jahrhunderts von dem Ingenieur-Kapitän von Hammerstein angelegt; sie dienten auch der weiteren Entwässerung des sumpfigen Untergrundes.

Die eigentliche künstlerische Anlage in barocker Grundstruktur schuf seit 1748 kein Geringerer als der französische Universalkünstler und Gartenarchitekt Jean Legeay (nach 1710–nach 1786), der sich dabei natürlich an den berühmten französischen Parkschöpfungen, die im damaligen Sinne Weltgeltung hatten, orientierte, wie etwa die von Versailles. Seine fachübergreifenden Kenntnisse und Fertigkeiten wurden dem zeitgenössischen Ideal des Gesamtkunstwerks gerecht. Zu seinen besonderen Spezialitäten gehörten auch Festdekorationen, wie die zur Grundsteinlegung der St. Hedwigkirche in Berlin 1747. So ist es nur allzu verständlich, dass der theaterfreundliche Herzog Christian Ludwig II. (1583–1756) ihn 1748 in Dienst nahm und 1752 zum Hofbaudirektor ernannte. Legeays Anlage erwies sich auch für das Konzept der Bundesgartenschau 2009 als tragfähiges Element.

Der Barockpark ist unabhängig von der landschaftlichen Umgebung und folgt seinen eigenen Gesetzen, ein eigenständiges Landschaftselement, das sich in voller Wirkung eigentlich erst aus der Draufsicht zu erkennen gibt, etwa von einem hohen Turm aus, nicht nur aus der Fernsicht. Der Barockpark ist eigentlich ein in die Landschaft ausgebreiteter Schreibtischplan, ist auf eine bestimmte Wirkung hin berechnet, und dieser Wirkung kann sich kaum jemand entziehen. Der Barockpark zielt auf Ordnung, auch auf die gesellschaftliche Ordnung, auf die Rangfolge, auf über- und untergeordnete Elemente. Der Barockpark suggeriert, wie man sich zu fühlen, welchen Platz man einzunehmen und welche Rolle man zu spielen hat.

Maßstab jedes barocken Parks ist die strenge ordnende Achse zur Erzielung einer mathematisch genauen Symmetrie. Diese Achse wird im Schweriner Schlossgarten vom Kreuzkanal gebildet, eingefasst von Lindenreihen,

Rotunde im Schlossgarten

Blick über den Teepavillon auf die Marstallinsel

fortgesetzt in den sogenannten Kaskaden, einem einst terrassenförmig abgestuften Abhang, für den Wasserspiele zwar geplant waren, aber nicht zur Ausführung kamen. Die Achse wurde durch vierzehn dekorative Sandsteinskulpturen – antike Göttergestalten und Jahreszeitallegorien – betont, die um 1720 in der Dresdner Werkstatt des Balthasar Permoser (1651–1732) entstanden waren und die man 1752 in Hamburg erworben hatte. Zwischen 1953 und 1961 wurden sie durch Kopien des Dresdner Bildhauers Werner

Orangerie

Hempel (1904–1980) ersetzt. Die vom heutigen Südportal des Schlosses ausgehende Achse schafft einen weit dimensionierten Landschaftsraum, trifft aber nicht auf ein entsprechendes Gegenüber, sondern endet ohne besonderen Effekt. Mag man dies auch als ungenutzte Möglichkeit bedauern – in umgekehrter Richtung betrachtet, ermöglicht diese Achse einen der schönsten Fernblicke, die Schwerin zu bieten hat: den auf die Südseite des Schlosses aus über 700 Meter Entfernung.

Das Schloss ohne Hofhaltung

Optisch und städteplanerisch hatten Stadt und Schloss eigentlich nichts miteinander zu tun. Zwischen beiden befand sich noch immer eine unbebaute Fläche, fast wie ein Niemandsland, einst aus Gründen der Sicherheit entstanden und belassen, später spröde Abgrenzung und Trennung. Die Pläne Piloots zu einer engeren Anbindung des Schlossbereiches an die Stadt waren nicht zur Ausführung gekommen. Auch die barocke Neuanlage des Schlossgartens hatte keine Beziehung zur Stadt. Und was hieß da schon Stadt … Mit dem damaligen Schwerin ließ sich auch für einen bescheidenen Herzog kein Staat machen.

Der Herzog zog um.

Seit 1756 wurde der Hof nach und nach in die großen Jagdgebiete südlich von Schwerin verlegt. Dort befand sich zwar nur ein Jagdschloss neben dem heruntergewirtschafteten Domänengut Klenow, aber daraus glaubte Herzog Friedrich (1717–1785) mehr machen zu können als aus Schwerin. Und dank herzoglicher Hartnäckigkeit schaffte er es auch. Er nannte den Ort seinem Vater zu Ehren Ludwigslust, erbaute dort ein prächtiges Schloss und ließ es mit einer Stadt umgeben. Als spätbarocke geschlossene Stadtanlage steht Ludwigslust künstlerisch in einem höheren Rang als das damalige Schwerin, das nach der Umsiedlung des Hofes in noch tiefere Bedeutungslosigkeit zu fallen drohte.

Auch der französische Marschall Mortier, der die napoleonische Herrschaft in Mecklenburg repräsentierte, wird das Schweriner Schloss nicht gerade für eine bedeutende Eroberung gehalten haben, als er es im Dezember 1806 dem Intendanten Bremont als Befehlszentrale übergab. Es wurde auch dadurch nicht schöner, dass man die mecklenburgischen Wappen entfernte und durch französische Hoheitszeichen ersetzte.

Wie sah das alte Schloss um diese Zeit aus?

Die einzelnen Gebäude waren um einen annähernd fünfeckigen Hof gruppiert. Neben der Durchfahrt in Richtung Stadt befand sich das Galeriegebäude für die herzogliche Gemäldesammlung, an das sich die Schlosskirche anfügte. Im rechten Winkel dazu folgte das Große Neue Haus, seeseitig das Verlies für die Gefangenen. Ihm schlossen sich das Bischofshaus, das »Haus über der Schlossküche« und die Durchfahrt zum Schlossgarten an, gefolgt vom »Haus mit der Schlossuhr«, vom Back- und Brauhaus, vom Zeughaus und von der etwas vorgebauten Wache. Das war alles.

Johann Christian Friedrich Wundemann (1763–1827), der mit seiner Schrift »Meklenburg, in Hinsicht auf Kultur, Kunst und Geschmack« um 1800 den ersten mecklenburgischen Touristenführer verfasste, findet kaum lobende Worte für das Äußere des Schlosses. »Es ist ein fünfeckiges gothisches Gebäude, um und um von der inneren Seite des Schlosshofes und außen umher mit Thürmchen verziert, ja fast aus lauter Thürmchen zusammengesetzt. Mit dieser Bauart kann man sich freilich nur durch den Gedanken an ihr hohes Alterthum, und an den Zustand der Zeiten, worin solche Gebäude entstanden, aussöhnen. Mit diesem Gedanken verbunden, haben sie auch etwas Ehrwürdiges, etwas schauerlich Erhabenes, was einen starken Effekt macht.«

Im Dezember des Jahres 1819 weilte der Sohn eines berühmten Mannes als Gast in Schwerin: Franz Xaver Mozart (1791–1844). Er befand sich auf einer Konzertreise, die ihn von seinem damaligen Wohnsitz, dem österreichisch-galizischen Lemberg aus bereits über Russland und Polen nach Dänemark geführt hatte. Danach hatte er sich durch die Städte Norddeutschlands gespielt und wollte nun von Schwerin aus über Neustrelitz weiter nach Berlin reisen. Mozart junior wäre sicher ein guter Gast gewesen, wenn sich der großherzogliche Hof als guter Gastgeber hätte erweisen können. Vor wenigen Tagen jedoch war der Erbgroßherzog Friedrich Ludwig in seinem Fachwerkpalais am Alten Garten gestorben, und im Land herrschte Hoftrauer. Musik war während dieser Zeit verpönt. Daher durfte Franz Xaver Mozart die Werke seines Vaters in Schwerin nicht ertönen lassen und reiste weiter.

Vielleicht schüttelte der an den Anblick großer prächtiger Schlösser gewöhnte Mozart der Jüngere den Kopf über das Schweriner Schloss. Was hätte er wohl gesagt, hätte er zwei Jahre später das soeben von dem Wiener Porzellan-Hausmaler Samuel Mohn (1789–1825) mit einer Darstellung des Schweriner Schlosses bemalte Trinkglas gesehen? Gut gemalt, aber doch sehr geschmeichelt … Sollen sie dort erst einmal ein Schloss bauen, das sich malen lässt!

Mit diesem Schloss lässt sich kein Staat machen!

Johann Poppel und Michael Kurz:
Blick auf den Alten Garten über den Burgsee, um 1855, Stahlstich

August Achilles: Das Collegiengebäude, 1832, Lithografie

Schweriner Biedermeier

Die Rückkehr des Hofes

Die nächste große Hoftrauer gab es in Schwerin anlässlich des Todes von Friedrich Franz I. (1756–1837). Ein halbes Jahrhundert lang war Friedrich Franz Herzog und seit dem Wiener Kongress Großherzog von Mecklenburg gewesen. Auch er hatte allein Ludwigslust als seine Residenz angesehen und sich in Schwerin nur notgedrungen aufgehalten.

Seinen Enkel und Nachfolger aber, den Erbgroßherzog Paul Friedrich, zog es wieder nach Schwerin, wenn es auch in seinem Sinne noch keine richtige Residenzstadt war. Noch nicht! Doch das würde sich ändern lassen, nun, da aus dem Erbgroßherzog der regierende Großherzog geworden war. Lange genug hatte er die Wünsche seines Großvaters respektieren müssen, und der beharrte nun einmal auf der Meinung, der erste und wichtigste Neubau in Schwerin sei weder ein Schloss, noch ein Theater, sondern ein repräsentatives Regierungsgebäude, mit dem er zunächst seinen Baumeister Carl Heinrich Wünsch (1779–1855) beauftragte, der die Bauleistung 1824 an seinen erst 21-jährigen Gehilfen Georg Adolph Demmler (1804–1886) übertrug. Dessen Name sollte mit der Stadt Schwerin und ihren größeren Bauten untrennbar verbunden bleiben.

Die Fassade des neuen Regierungs- oder Kollegiengebäudes bestand aus einer spätklassizistischen Front, deren Portal durch vier ionische, einem griechischen Tempel auf der Akropolis (Erechtheion) nachgebildete Säulen auf einem Sockelbau betont wurde. Der Bau dauerte neun Jahre. Das Dach wurde mit Kupfer gedeckt und mit antiken Bildwerken geschmückt, die aus Dresden beschafft worden waren. An den Ecken standen Opferschalen, in denen man sich loderndes Feuer vorstellen konnte.

Das Kollegiengebäude erwies sich als außerordentlich regierungsfähig und beherbergte nacheinander das Kabinett des Großherzogs, die Regierung des republikanischen Freistaates Mecklenburg, die Dienststellen des NS-Regimes und die Bezirksleitung der Sozialistischen Einheitspartei Deutschlands. Im neuen Bundesland Mecklenburg-Vorpommern ist es Sitz der Staatskanzlei.

Großherzog Paul Friedrich (1800–1842) fasste den Plan, Schwerin für alle bisherige Vernachlässigung zu entschädigen und zu einer prächtigen Residenzstadt auszubauen.

Der wundeste Punkt war nach wie vor das Schloss. Immer wieder musste der Großherzog enttäuscht feststellen: mit diesem Bauwerk konnte er sich kein Ansehen verschaffen! Nach 1837 wurde es zwar noch einmal gründlich ausgebessert und der alte Gardesaal zu einem Bankettsaal eingerichtet, ein Großherzog aber konnte in diesem Schloss nicht mehr wohnen. Man quartierte also den alten Herzog Gustav, einen großherzoglichen Onkel, hier ein, nachdem man mühsam eine Wohnung für ihn ausgebaut hatte. Unterkünfte für die Dienerschaft wurden in der Orangerie eingerichtet.

Schweriner Lustbarkeiten

Paul Friedrich residierte mit seiner lebenslustigen und sehr dominanten Frau Alexandrine (1803–1842), einer preußischen Prinzessin, Tochter der Königin Luise, in einem Fachwerkpalais am Alten Garten in Schwerin. Seine Wohnzimmer lagen über dem noch heute vorhandenen Tordurchgang zum Theater. Paul Friedrich war wie sein Vorfahr Christian Ludwig II. ein ausgewiesener Theaterfreund. Nachdem im Jahre 1831 das Schweriner Ballhaus, in dem auch Komödie gespielt wurde, abgebrannt war, setzte er alles daran, ein neues, repräsentatives Theater zu errichten.

Er und seine Gemahlin, so schrieb er an seinen Großvater, den er als knauserig empfand, befänden sich schließlich in den besten Lebensjahren und seien beide Freunde von Theater und winterlichen Vergnügungen. Wenn ihnen daher diese einfachen Zerstreuungen in Schwerin wegen eines mangelnden Lokales nicht geboten werden könnten, so seien sie gezwungen, den Winter in Berlin oder anderweitig im Ausland zu verbringen, was Kosten verursache und ihnen selbst sehr bedauerlich sein würde, da sie lieber in Schwerin blieben.

Diesem Brief des Enkels konnte Großherzog Friedrich Franz I. nicht widerstehen, und so musste er ihm den neuen Schweriner Theaterbau erlauben, der am 17. Januar 1836 mit dem Schauspiel »Schule des Lebens« von Ernst

Thronsessel der Herzöge und Großherzöge von Mecklenburg-Schwerin, dahinter Applikationsbehang mit dem mecklenburgischen Wappen vom Ende des 17. Jahrhunderts

Raupach (1784–1852) feierlich eingeweiht wurde und sogleich den Titel eines Hoftheaters erhielt, obgleich der Hof noch in Ludwigslust residierte.

Das Hoftheater, gleichfalls von Demmler entworfen und ausgeführt, fasste 600 Besucher und war ein längsrechteckiger Bau mit einer dreigeschossigen Breitfassade zum Alten Garten hin. Die Giebelseite mit der schmalen Fassade war zum Erbgroßherzoglichen Palais hin gerichtet. Mit seinem Reliefschmuck, dem Giebel und den durch zwei Geschosse reichenden Pilastern bot das klassizistische Theater einen prächtigen Anblick und dürfte der preußischen Verwandtschaft wegen der klaren Berliner Anklänge sicher gut gefallen haben. Demmler hatte für seinen Plan einen Kostenanschlag von 60000 Talern erstellt, aber wie es dann so ist – die Kosten beliefen sich auf über 100000 Taler!

Immerhin wurde das Hoftheater der künstlerische Mittelpunkt der Stadt und begründete die reiche Schweriner Schauspiel- und Musiktheatertradition. Paul Friedrich war selbst in der Intendanz tätig. Für die Schauspieler und Schauspielerinnen hatte er so viel übrig, dass er sie mit seinem eigenen Wagen zu jeder Vorstellung abholen und anschließend wieder nach Hause fahren ließ. Besonders liebte er das Ballett.

Auch sonst liebte er Vergnügungen und Zerstreuungen aller Art, und die Schweriner eiferten ihm nach. Im Winter ließ der Großherzog durch seinen Hofbaumeister Demmler auf dem Alten Garten ausgedehnte Rutschbahnen bauen, die bis auf den Schweriner See hinunterführten. Sie wurden mit Wasser übergossen und gefroren zu den prächtigsten und sichersten Eisbahnen, die man sich nur denken kann, und nicht etwa nur für Kinder. In der Mittagszeit von 12 bis 15 Uhr waren die Bahnen den oberen Ständen vorbehalten. Die Damen und Herren der vornehmsten Gesellschaft sausten auf kleinen, eigens zu diesem Zweck angefertigten Schlitten bis weit auf den zugefrorenen See hinaus.

Ein neues Schloss?

Unter Paul Friedrich entwickelte sich Schwerin zu einer geselligen Stadt. Der Großherzog vergrößerte 1837 sein Fachwerkpalais zwar durch einen Saal, zu

Theodor Martens:
Das Schloss im Winter, 1882. Gemälde

welchem Zweck einige kleinere Grundstücke in der Ritterstraße angekauft werden mussten. Aber auch dieser Zustand konnte nicht von Dauer sein, und so wurde im April des Jahres 1840 endlich eine Schlossbaukommission ernannt, bestehend aus dem Hofbaumeister Demmler, dem Staatsminister von Lützow und dem Hofmarschall von Levetzow. Nun sollte Schwerin gewissermaßen seine Krönung erfahren und ein neues Schloss erhalten. Das alte Schloss geriet immer mehr in Verfall, trotz des neuen Bankettsaales.

Idealbildnis Albrecht II., erster Herzog von Mecklenburg-Schwerin, gestorben 1379, Gemälde von Theodor Fischer für die Ahnengalerie

Herzog Albrecht der Schöne von Mecklenburg-Schwerin, gestorben 1547, Kopie von Cornelis Krommeny für die Ahnengalerie

Wo sollte das neue Schloss stehen?

Der Großherzog war zunächst für einen Bauplatz gegenüber dem Regierungsgebäude. Damit verschenkte er die Wirkungsmöglichkeiten der umgebenden Landschaft und die Ausstrahlung des historisch Gewachsenen. Der Alte Garten und die Schlossinsel wären optisch und funktional ungenutzt geblieben. Demmler hingegen schlug einen Standort auf der rechten Seite des Alten Gartens vor, gegenüber vom Theater, in einer Flucht mit dem neuen Regierungsgebäude. Eine großartige phantastische Arkadenanlage sollte über den Burgsee hinweg das neue mit dem alten Schloss verbinden und es somit wenigstens noch als Hintergrundkulisse nutzen. Der Großherzog fasste einen neuen Plan: das neue Schloss sollte auf der linken Seite des Alten Gartens gleich neben dem Theater stehen.

Demmler wurde mit dem Plan beauftragt, und sein Entwurf zeigte wieder zahlreiche Anklänge an die Berliner Schinkelbauten. Die durch Pilaster und Säulen gegliederte Fassade wirkte allerdings mit ihrem Dreiecksgiebel und dem Figurenschmuck recht konventionell. Zur Seeseite hin waren Wintergarten und Glaserker geplant. Die Rückseite sollte einen turmartigen Saalbau erhalten. Die geplante Brücke zum Theater hinüber zeigt, wie eng der Großherzog die Verbindung von Thron und Bühne sah. Nach einigem Hin und Her wurde Demmlers Plan ohne Änderungen genehmigt. Nunmehr schien festzustehen: Schwerin erhält ein neues Schloss, und zwar ein ganz modernes! Eine Mischung von Museum, Tempel und großzügiger Villa. Aber, wenn man so ganz ehrlich sein will – ein richtiges Schloss ist es eigentlich nicht mehr. Nur noch ein großherzogliches Wohnhaus. Und wenn die Schweriner in Zukunft vom Schloss sprechen sollten, würden sie immer das alte Schloss meinen.

Am 25. Februar des Jahres 1842, dem 39. Geburtstag der Großherzogin Alexandrine, wurden die ersten Pfähle für den Neubau eingerammt. Der Ablauf schien festzustehen. Leider kam es anders. Bei der feierlichen Grundsteinlegung zum neuen Schloss war Großherzog Paul Friedrich schon krank. Doch pflicht- und dienstbewusst, wie er war, nahm er noch die Truppenparade ab und am Hofball teil. Dies aber waren seine letzten Amtshandlungen. Bald darauf starb er, nachdem er die großherzogliche Machtfülle nur fünf Jahre genossen hatte.

Und das neue Schloss? Sohn und Nachfolger Friedrich Franz II. gab dem sterbenden Vater zwar das Versprechen, den Bau fortzusetzen, aber erstens

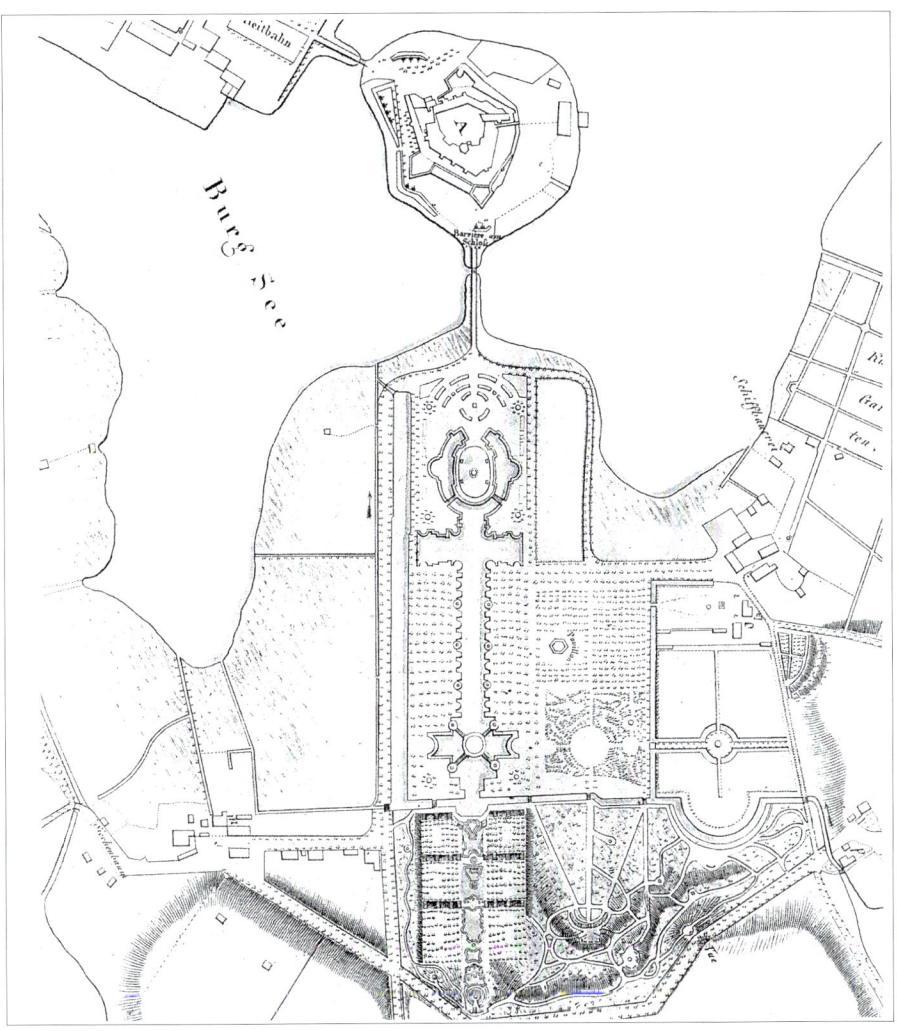

Die Situation von Schlossinsel und Schlossgarten vor dem Umbau

interessierte er sich sogleich mehr für das alte Schloss, und zweitens waren die Verhältnisse eben auch nicht so … Vielleicht könnte man auf den Fundamenten einen Wohnsitz für die Großherzogin-Witwe und Großherzogin-Mutter Alexandrine einrichten … Die Arbeit an den Fundamenten verschlang ganze Wälder, denn der Untergrund war überaus sumpfig, und der Großherzog ließ im August 1843 die Arbeit einstellen.

Anna Sophie von Preußen, Gemahlin Herzog Johann Albrecht I. von Mecklenburg-Schwerin. Gemälde um 1574 von Peter van Boeckel in der Ahnengalerie

Herzogin Katharina Iwanowna, geborene Großfürstin von Russland, zweite Gemahlin des Herzogs Carl Leopold von Mecklenburg Schwerin, gestorben 1733. Gemälde in der Ahnengalerie

Es ist eine interessante Überlegung, was aus Schwerin geworden wäre, hätte man das Paul-Friedrich-Schloss tatsächlich gebaut. Das alte Schloss hätte daneben wie ein ruinöser Hinterhof gewirkt. Es wäre nicht zu einer Bedeutungssteigerung der Schlossinsel gekommen. So repräsentativ der Schlossneubau auch geplant war, er hätte immer den Charakter einer fürstlichen Privatvilla behalten.

Das Jahr 1842 bedeutet für Schwerin so etwas wie eine kopernikanische Wende in der Gestaltung der Stadtlandschaft. Diese Wende kam sehr plötzlich, fast abrupt und war von einschneidender Bedeutung. Gleichsam über Nacht verabschiedete man sich von der Geschmacksrichtung des bürgerlichen Klassizismus, und ein anderer Geist hielt Einzug, zunächst verhalten und auf einen längeren Zeitraum berechnet: der Historismus, die Rückbesinnung auf die historischen Wurzeln unter dem Aspekt der Legitimation, nicht selten mit einem verklärenden und vom Zeitgeschmack bestimmten Firnis.

Hier liegen gewissermaßen die Anfänge zum »Neuschwanstein des Nordens«, hier beginnt das Geheimnisvolle, das auf eine ganz bestimmte Wirkung Berechnete, und es ist ein verwandter Geist, zu dem, der in Köln im gleichen Jahr den Dombauverein entstehen ließ, als man sich entschloss, den unvollendeten Dom endlich weiter zu bauen.

Sowohl in Köln als auch in Schwerin war dieser Umschwung von weitreichenden Konsequenzen für das Stadtbild. Es war ein zunächst tastender Versuch und ein längerer Weg, ehe Demmler mit der Schlossbaukommission die Gestalt gefunden hatte, die dem sich kräftig etablierenden Zeitgeist des romantischen Historismus am besten entsprach. Eine Gestalt, die sich nur schwer beschreiben lässt. Repräsentationsbedürfnis ist dabei, aber auch eine imaginäre Welt von Vorstellungen, Wünschen, Sehnsüchten und Träumen.

Dazu entdeckte man später als Klangkulisse im Hintergrund die neue Tonwelt von Richard Wagner (1813–1883). Und man wandte sich ihr in Schwerin besonders nachhaltig zu.

Die Baustelle blieb 34 Jahre lang liegen. Dann, im Jahre 1877, wurde mit einem Teil des Gewinns aus dem deutsch-französischen Krieg 1870/71 das Galeriegebäude am Alten Garten gebaut. Und die heutigen Museumsbesucher gehen beim Betrachten der Kunstschätze eigentlich durch ein verhindertes Schloss …

Mit einem neuen Schloss kam Großherzog Paul Friedrich zwar nicht mehr zum Zuge, aber in seiner kurzen Regierungszeit hatte er doch eine für alte Schweriner Verhältnisse recht prächtige Umgebung für seine neue Residenz gebaut und der Stadt das Gesicht gegeben, dessen Prägung bis heute anhält. In Demmler stand dem Großherzog ein Baumeister mit ausgeprägtem Sinn für stadtarchitektonische Maßstäbe zur Verfügung. Das alte Schwerin verdankt seine städtebauliche Schönheit nicht zuletzt dem künstlerischen Blick, dem beharrlichen Fleiß und der Initiative Demmlers. Während der Regierungszeit Paul Friedrichs und unter Leitung und Einfluss Demmlers wurde die recht willkürlich entstandene Vorstadt enger an das Straßennetz der Altstadt angeschlossen. Der Pfaffenteich entwickelte sich durch Eindämmung, Straßenführung und Umbauung zu einer einmalig schönen Anlage, die schon oft zum Vergleich mit der Hamburger Binnenalster herausgefordert hat. Auf der Westseite des Pfaffenteiches entstand als neuer Stadtteil die nach dem Großherzog genannte Paulstadt. Einer der repräsentativsten Bauten dieses Viertels ist das Arsenal. Am Schweriner See wurde der großherzogliche Marstall gebaut.

Während der kurzen Regierungszeit Paul Friedrichs erhielt Schwerin ein neues, schöneres Stadtbild. Das zurückhaltend schlichte Bürgerhaus des 18. Jahrhunderts bestimmte nicht mehr allein den Charakter der Stadt. Es stand bald im Schatten der neuen klassizistischen Monumentalität, die allerdings in der Verkleinerung durch die Schweriner Verhältnisse nicht gar so kalt und pathetisch wirkt wie in anderen größeren Städten.

Lebensfähig war und blieb Schwerin vor allem durch die Verbindung mit dem großherzoglichen Hof. In seiner »Geschichte der deutschen Höfe« schreibt der Historiker und Publizist Eduard Vehse um die Mitte des vorigen Jahrhunderts:

»Seitdem die Residenz des großherzoglichen Hauses von dem wenig Annehmlichkeiten bietenden Ludwigslust nach Schwerin verlegt ist, hat ein reges großstädtisches Treiben das gemütliche, fast ländliche Treiben verdrängt und unsre Lebensweise mit einer gewissen Noblesse überhaucht, die aber das Eigentümliche des mecklenburgischen Volkscharakters nur wenig zu verwischen vermochte. Der Baulust des Großherzogs haben viele kleine Baracken weichen müssen, an deren Stelle Paläste getreten sind, die jede Hauptstadt Deutschlands zieren würden. – Reichgalonierte Livreebedien-

Terrakottadekor im Schlosshof

te, glänzende Karossen, modische Herren und mit Putz überladene Frauen, stark geschnürte Lieutenants und dergl. füllen die Straßen. Paraden und Hofbälle, Maskeraden und Theater führen einen ewigen Strudel von Zerstreuungen herbei, in dem die frühere, einfache Lebensweise gänzlich untergegangen ist. Der Hochmut hat sich der Bürger bemächtigt, dass sie es dem Adel in allen Stücken nachtun wollen. In den niederen Ständen ist längst eine Unsittlichkeit eingerissen, die mit der Größe in keinem Verhältnis steht. Wohl gibt es hier, wie in anderen Orten, Familienzirkel, in denen der feinste Ton, die liebenswürdigste Bonhomie herrscht, aber dass dieser Zirkel so sehr

Innenhof mit Obotritentreppe. Aus der „Festschrift" zum Schloss aus dem Jahr 1869

wenige sind, und dass sie sich so starr und streng vom öffentlichen Leben und Treiben in Schwerin absondern, ist wohl das schlimmste Wahrzeichen des herrschenden Geistes … Innerhalb der Stadt genießt man der schönsten Fernsichten, und dichterische Gemüter können dadurch leicht zu Ergüssen in gebundener Rede hingerissen werden. Solche Gemüter finden sich hier aber nicht …«

Eine kritische und streckenweise recht scharfe Schilderung des biedermeierlichen Schwerin, in dem es trotz allen Aufschwungs nicht zu einem neuen Schlossbau gekommen war.

Schlösser auf dem Papier – Denkmäler für die Vergangenheit

Die Visionen des Hofbaumeisters

Schlösser auf dem Papier sind denen, die im Monde liegen, durchaus verwandt. Zum Beispiel das Schloss, das gebaut worden wäre, wenn … ja wenn der neue junge Großherzog den Entwurf genehmigt hätte, den Demmler schon am 7. Juli 1842, also nur wenige Monate nach dem Tod des Großherzogs Paul Friedrich einreichte. So schnell konnte er den geplanten Neubau am Alten Garten vergessen, an dem die Bautätigkeit erst vor kurzem eingestellt worden war.

Demmler verfügte über viele Ideen, wie man Schlösser bauen könnte. Diesmal kam er nicht preußisch-klassizistisch, sondern englisch-neugotisch daher. Eine Burg mit Türmen, Türmchen, Zinnen, Mauern und Fenstern, die Schießscharten gleichen, mit fabrikmäßig langweiligen und nüchternen Fronten. In der Fassade, die für die hintere Schlossbrücke geplant war, sollten drei gotische Fenster durch alle Stockwerke gehen. Das, was Demmler da zu Papier brachte, kann man kaum als Schloss bezeichnen, sondern eher als romantische Spielzeugburg nach dem Vorbild von Vanbrugh Castle (1717) oder Downton Castle (1774–1778). Auch das von Friedrich Schinkel erbaute Schloss Babelsberg (1835–1849) war der neugotisch-englischen Mode gefolgt.

Was jedoch neu und interessant für Demmlers Schlossbauplan ist: er sieht eine repräsentative Eingangsfront zur Stadt hin vor. Und an diesem wichtigen Motiv und Detail hat man später festgehalten, so oft die Pläne auch geändert wurden.

Demmlers erster Entwurf bezog die alten Teile mit ein, er wollte sie jedoch in Höhe und Gestaltung der englischen Burgromantik angleichen, und das sollte auf Kosten des alten niederdeutschen Renaissancecharakters geschehen. Demmler wollte dafür holländische Volutengiebel im Geschmack des 17. Jahrhunderts anbringen. Altenglisch wirkte der Schlossentwurf nur zur Stadt hin. Die Mitte der Gartenfront sollte ein beachtlich großer Saalrundbau einnehmen, zum See eine Freitreppe hinunterführen.

Hermann Willebrand: Erster Entwurf Georg Adolph Demmlers zum Schlossneubau 1842, Stadtseite. Bleistift, Pinsel, getönt

Dieses Schloss blieb auf dem Papier, da der junge Großherzog sich zurückhaltend zeigte und den Entwurf erst einmal gründlich prüfen ließ, vermutlich auch durch seinen Onkel, den König Friedrich Wilhelm IV. von Preußen.

Im Dezember des Jahres 1842 trat wieder eine Schlossbaukommission zusammen. Ihr gehörten außer Demmler der Minister von Lützow, der Hofmarschall von Levetzow und der Reisemarschall von Sell an. Demmlers Entwurf wurde abgelehnt. Seinem neuen Versuch sollte er die Pläne zugrundelegen, die Gheert Evert Piloot vor über 200 Jahren für den Herzog Adolf Friedrich I. angefertigt hatte. Demmler zeichnete einen neuen Entwurf, aber er kümmerte sich nicht um seinen Vorgänger. Auf dem geduldigen Papier entstand ein Bauwerk im historisierenden Stil der niederländischen Renaissance, das vor allem an der repräsentierenden Stadtseite überladen wirkt. Dennoch ist es in landschaftsgestaltender Hinsicht gegenüber dem englischen Festungsbau ein Fortschritt, wirkt nicht nur malerisch, sondern schon kleinteilig pittoresk, vor allem wegen der zierlichen Dacherker und Fensterornamente. An die Stelle des großen Saalbaus tritt in Demmlers zweitem Entwurf ein geräumiger viereckiger Glasbau vor die Mitte der Seefassade. Dieser Entwurf bettet das Schloss bereits in Terrassen und Gartenanlagen ein, die unter Mitwirkung des Gartenbaudirektors Lenné aus Potsdam zustande kamen und sich der umgebenden Landschaft sehr gut anpassten.

*Blick in die 1855 neugotisch erweiterte Schlosskirche.
Aus der „Festschrift"*

*Blick auf den neugotischen Choranbau der Schlosskirche.
Aus der „Festschrift"*

Zweiter Entwurf von Georg Adolph Demmler (Ausschnitt)

Aber trotz dieser schönen Gartenanlagen wurde auch Demmlers zweiter Entwurf verworfen. – Der Kunsthistoriker Walter Josephi fällt in seiner 1924 erschienenen Monografie über das Schweriner Schloss ein vernichtendes Urteil über Demmlers Entwürfe, nennt sie künstlerisch tiefstehend, banal, reizlos und rein akademisch, ja bauschülermäßig auf dem Papier konstruiert. Er bezeichnet auch den zweiten Entwurf als ein stilloses neues Gewand, das einem alten Bau einfach übergezogen wird.

Gottfried Semper

Für Großherzog Friedrich Franz II. und seine Familie hatte der Schlossbau eine so große Bedeutung, dass sie gewissermaßen nach den Sternen griffen. Sie beauftragten auch Deutschlands führenden Architekten mit einem

Alternativentwurf, nämlich Gottfried Semper (1803–1879), der mit dem Bau der Dresdner Oper seinen geschulten Sinn für moderne Repräsentation und monumentale Platzwirkung bewiesen hatte. Die Insel im Schweriner See und der Bereich des Alten Gartens hätten wirklich ein Bauplatz für einen Semper sein können! Mit Semper tritt nach der Meinung des späteren Schweriner Museumsdirektors Josephi etwas ganz Neues auf der Schlossinsel auf: die Kunst … Am 3. November 1843 weilte Semper in Schwerin und verhandelte mit Demmler, was für beide nicht ganz leicht gewesen sein muss. Wahrscheinlich kam sich Semper als Eindringling und Demmler zurückgesetzt vor. Jedenfalls erfasste Semper die Schweriner Bausituation mit einem Blick, und gewissermaßen als Weihnachtsgeschenk traf am 23. Dezember 1843 sein Ideenentwurf mit einem ausführlichen Begleitschreiben am großherzoglichen Hof ein.

Sempers Entwurf erfasste einerseits genau den Kern der großherzoglichen Wunschträume. Er schuf ein einmalig schönes Denkmal im Sinne der Romantik. Auch ihm hatte man angetragen, den alten Pilootschen Entwurf zu berücksichtigen, auch er setzte sich darüber hinweg. An den alten Schlossteilen der Seeseite nahm er überhaupt keine Veränderungen vor. Das hätte man vielleicht noch hingehen lassen. Aber er nahm andererseits auch keine Notiz von der großherzoglichen Vorschrift, das Hauptportal des Schlosses in die Achse der Schlossstraße zu legen. Seine Hauptfassade war dem Burgsee, der hinteren Schlossbrücke zugewandt.

An erster Stelle stehen bei Semper ästhetische Gesichtspunkte, auf Achsen und klare Ausrichtungen im Sinne des alten Absolutismus barocker Prägung legte er keinen Wert. Die Burgseefassade wollte er im Stil der oberitalienischen Hochrenaissance errichten, allerdings durch Motive der französischen Frührenaissance etwas abgemildert und zurückgenommen. Vor der Mitte der Gartenfassade erhebt sich auf seiner Zeichnung als wichtigstes Bauglied ein schlanker Turm, durch den alle Bauteile zu einem einheitlichen und organischen Ganzen zusammengehalten werden. Die monumentalen Terrassenbauten zum See hin erinnern an italienische Renaissancegärten.

Seiten 60/61:
Ansicht der Seeseite des alten Schlosses. Gemälde von Theodor Schloepke, 1845

Georg Adolph Demmler: Ansicht des Großherzoglichen Residenzschlosses zu Schwerin nach der Stadtseite, 1850. Bleistiftzeichnung, leicht laviert (dritter Entwurf)

Semper erfasste das Malerische der Landschaft um das Schloss. Er schuf die harmonischste Verbindung zwischen den alten und den neuen Teilen, die überhaupt denkbar ist. Der Schweriner Stadthistoriker Jesse (1887–1971) nennt seinen Entwurf ein Werk von »echt künstlerischer und majestätischer Monumentalität«.

Auch Sempers Schlossentwurf blieb nur auf dem Papier, und wir fühlen uns fast veranlasst zu sagen: leider … Durch Sempers Schloss, durch dieses Denkmal für erträumte Größe und Machtfülle, wäre Schwerin noch schöner geworden.

Demmler hatte leichtes Spiel, diesen Entwurf zu Fall zu bringen, und das glaubte er sich als Hofbaudirektor schuldig zu sein. Erst einmal behauptete er, Semper habe kräftige Anleihen in seinen, Demmlers eigenen Zeichnungen gemacht und bezeichnete es als den dümmsten Streich, den er je gemacht hatte, Semper diese Zeichnungen zu zeigen … Und dann die Sache mit dem Eingang … Hatte es ein Großherzog wohl nötig, sein Schloss von der Rückseite aus zu betreten?

Georg Adolph Demmler: Ansicht des Großherzoglichen Residenzschlosses zu Schwerin nach der Seite des Burgsees, leicht laviert (dritter Entwurf)

Dennoch gab es einflussreiche Stimmen, die sich für Sempers Entwurf einsetzten. Der Großherzog war vorsichtig, er schickte alle Entwürfe nach Berlin vor den Schiedsrichterstuhl des preußischen Königs. Doch der war noch vorsichtiger, indem er äußerte: »Demmlers Plan ist sehr lobenswert, was die Fortsetzung der Architektur betrifft. Über das Innere vermag ich nichts zu sagen, da das allein Deine (des Großherzogs) und Deiner Zukünftigen Sache ist. Ebensowenig urteile ich über Sempers Inneres. Sein Äußeres aber ist ganz prachtvoll und entzückt mich.« – So schrieb König Friedrich Wilhelm IV. von Preußen am 29. Dezember 1843 an seinen Neffen, den Großherzog Friedrich Franz II. von Mecklenburg-Schwerin.

Demmler kämpfte um seinen Plan, obgleich er schon damals seiner Frau in einem Brief versicherte, er wolle lieber seinen Gegnern das Feld räumen, als sich am Schlossbau tot zu ärgern.

Im Januar 1844 hielt sich der Großherzog vor dem Antritt einer Orientreise in Berlin auf. Auch Demmler fand sich dort ein. In Berlin fiel die Entscheidung. Dabei muss es recht intrigant zugegangen sein. Obgleich der Preu-

Modell des alten Schlosses

ßenkönig für Sempers Entwurf war, wurde Demmlers Plan angenommen, wenn auch nicht so ohne Weiteres. Den Ausschlag gab wohl, dass Demmler grundsätzlich an der Schlossstraßen-Achse festhalten wollte, an der deutlichen Zusammenbindung von Stadt- und Schlossbereich. Das Schloss würde dabei zwar seine vornehme Insellage behalten, es sollte aber gewissermaßen die Stadt an sich heranziehen. Demmler wurde nun auch zugebilligt, dass er auf Piloots Pläne keine Rücksicht nehmen müsse. Der historisierende Baustil der Renaissance sollte vorherrschen. Und statt eines Saales oder Rundbaus an der Seeseite sollte ein hoher beherrschender Turm gebaut werden, so wie Semper ihn geplant hatte.

Also auf zum nächsten Entwurf, zu einem Schloss, das endlich vom Papierdasein in die Wirklichkeit treten könnte!

Der Entwurf des Baukondukteurs Willebrand

Doch zunächst entstand noch einmal ein Papierschloss, und zwar nicht von Demmler selbst, sondern von seinem Baukondukteur Willebrand, ein farbiges Blatt, das den heutigen Betrachtern einige Rätsel aufgibt. Es stammt aus dem Jahr 1844, zeigt das Schloss von der Seeseite aus, und zwar so, wie es heute im Großen und Ganzen aussieht. Hat Willebrand vielleicht einen größeren Anteil am Schweriner Schloss, als man bisher angenommen hat? Oder hat er sich an Zeichnungen von Demmler orientiert, die inzwischen verlorengegangen sind?

Die Unterschrift des Blattes lässt den künstlerischen Zeitgeist erkennen.

»Erste Idee zur äußeren Ansicht des Großherzoglichen Schlosses zu Schwerin, von der Seeseite aus, in ca. einer Stunde skizziert von H. Willebrand 1844.«

Walter Josephi hielt Willebrand für den eigentlichen Architekten des Schweriner Schlosses, der jedoch bescheiden hinter seinem Vorgesetzten zurückgetreten wäre.

Auch Willebrand dachte bei dieser Skizze nicht nur tektonisch-konstruktiv, sondern machte sich ein farbig-malerisches Bild der Einbettung dieses feudal-romantischen Denkmals in eine besonders schöne landschaftliche

Hermann Willebrand: Ansicht des Residenzschlosses zu Schwerin, von der Seeseite aus, 1850. Bleistiftzeichnung laviert

Umgebung. Und eine romantische Zugabe ist auch der Stolz, der aus Willebrands Anmerkung spricht, er habe diese Idee in so erstaunlich kurzer Zeit zu Papier gebracht, als habe er eine Vision gehabt oder dem Diktat des Musenkusses gehorcht.

Anleihen an der Loire

Das neue großherzogliche Schloss wird also von vornherein als Denkmal aufgefasst, in dem ein Territorialfürst Kontinuität und Thronfolgefähigkeit inszeniert und dokumentiert. Und diese Dokumentation lässt sich der Großherzog etwas kosten. Nach den Ideenexkursionen auf dem Papier schickte er im Jahre 1844 Demmler und Willebrand auf eine dreimonatige und nicht gerade billige Studienreise. Sie führte über das romantisch-mittelalterliche Nürnberg nach München, wo unter Klenze und Gärtner in den vorangegangenen Jahrzehnten zahlreiche Monumentalbauten entstanden waren. Von dort ging es über Straßburg nach Paris, wo soeben der achtbändige Roman »Die drei Musketiere« von Alexandre Dumas erschienen war. Doch zur Lektüre dieser französischen Neuheit dürfte Demmler wohl kaum gekommen sein, denn er musste ja Eindrücke und Inspirationen für seinen Bau sammeln und suchte zu diesem Zweck eine ganze Reihe von Königsschlössern auf: Versailles und St. Cloud, Fontainbleau, Orléans, Blois und Amboise.

Am meisten aber beeindruckte ihn das Schloss Chambord an der Loire.

Es ist sicher nicht abwegig, sondern aufschlussreich für die künstlerischen Absichten der Schweriner Schlosserbauer, darüber nachzusinnen, weshalb gerade das Schloss Chambord in die vorderste Reihe der Vorbilder rückte. Es ist ja zweifellos nicht das bedeutendste französische Schloss. Weshalb nicht Blois, warum nicht Fontainbleau? Und weshalb nicht Versailles?

Die Antwort liegt auf der Hand. Der absolutistische Herrscherwille und seine Verwirklichung, wie er sich in einer einmaligen künstlerischen Form zum Beispiel in Versailles dokumentierte, war für die mecklenburgischen Verhältnisse ein unerreichbarer Wunschtraum geblieben. Das mecklenburgische Herzogshaus hatte niemals die absolute Herrschaft über die Stände erlangt. Diese Trauben hingen nun wirklich zu hoch.

Mit dem Schloss Chambord verhielt es sich anders. Es war zwischen 1526 und 1535, also schon lange vor dem Zeitalter des Absolutismus, unter König Franz I. in einer öden sandigen Gegend als Jagdschloss erbaut worden und gilt als interessantes Beispiel für die Architektur der französischen Frührenaissance. Und Renaissance sollte es ja auch in Schwerin sein. Man erstrebte eine harmonische Verbindung einer aufgewerteten Wasserburg mit einem repräsentativen Stadtschloss, ein stimmiges Verhältnis der landschaftlichen Situation und der architektonischen Wirkung.

Schloss Chambord hat mit dem alten Schweriner Schloss des 16. Jahrhunderts einige Details gemeinsam. Im Aufbau noch spätgotisch geprägt, erinnert es in manchen Zügen an eine mittelalterliche Burg, enthält aber auch schon alle Elemente eines modernen feudalen Wohnschlosses. Der Verteidigung gegen aufsässige Feudalherren dienten hohe Wälle, dicke Mauern und massige Rundtürme, der gebotenen Repräsentation die elegant aufgelockerten reichen Palastfassaden. Die hohen Dächer, die bunte Fülle der Fenster und der hochgezogenen verzierten Schornsteine, die kantigen Obelisken, zierlichen Dacherker und Giebel – das alles wirkte auf den Betrachter um die Mitte des 19. Jahrhunderts märchenhaft-orientalisch.

Und über dieses ganze bunte Ensemble erhob sich akzentuierend und beherrschend der hohe mittelalterliche Berchfrit, der in der französischen Architektur Donjon genannt wird. Dieser achteckige Treppenturm steht auf reich verzierten Strebepfeilern und ragt weit über die Dachzone hinaus. Seinen Abschluss bildet eine zierliche Laterne, die von einer überdimensionalen Lilie, dem Wappen des französischen Königshauses, bekrönt wird.

Von diesem Schloss fühlte sich Demmler fasziniert. Es war ihm, als habe er genau das gefunden, was er gesucht hatte. Obwohl ihn die Studienreise noch weiter führte, stand der Entwurf für Schwerin nun unumstößlich fest.

In Le Havre schifften sich Demmler und Willebrand nach England ein und besuchten von London aus die englischen Königsschlösser Hampton-Court, Richmond und Windsor. Für Demmler mag diese Reise eine nachträgliche Bestätigung seiner englischen Neigungen gewesen sein, von denen in Schwerin vor allem sein Arsenalbau zeugt. Für den letzten Schlossentwurf wurde die englische Schlösser- und Burgotik nicht mehr wirksam; zum Glück nicht, können wir nachträglich bestätigen.

Der endgültige Entwurf

Während der zweiten Hälfte des Jahres 1844 erarbeitete Demmler seinen endgültigen Entwurf des neuen Schweriner Schlosses. Leider sind die Originalpläne nicht erhalten, da der Großherzog sie anerkennungsheischend seiner Tante, der Herzogin Helene von Orléans, nach Paris geschickt hatte. Von dort kehrten sie nicht zurück, obgleich Demmler selbst hartnäckig die Entwürfe einforderte und sogar in Kauf nahm, dass ihn die Herzogin endlos warten ließ und ihm dann lakonisch mitteilte, sie könne die Pläne beim besten Willen nicht finden. – Die Herzogin von Orléans war eine Schwiegertochter des französischen »Bürgerkönigs« Louis Philippe, den später die Pariser Februarrevolution 1848 zur Abdankung zwang.

Thronsaal mit Thronsessel und Baldachin

Franz Huth: Ansicht des Thronsaales, Aquarell 1938

Zum Glück hatte der Baukondukteur Willebrand zuvor Ölpapierpausen und lithografische Zeichnungen von den Originalplänen hergestellt. Demmler tat noch ein Übriges und ließ ein handliches Modell des geplanten Schlossneubaus anfertigen, damit sich nun auch die Schweriner ganz genau vorstellen könnten, welch prächtiges Bauwerk in ihrer Stadt errichtet werden sollte, vorausgesetzt, sie zahlten die geforderten vier Schillinge Besichtigungsgebühr zugunsten der Dombaukasse … Man plante nämlich damals schon den Bau eines hohen Turmes für den Schweriner Dom, in dem künftig die Mitglieder des großherzoglichen Hauses bestattet zu werden wünschten.

Das Modell des Schlossneubaus wurde im März 1846 auch im Königlichen Schloss zu Berlin ausgestellt. Die Berliner sollten sich selbst überzeugen, dass auch die mecklenburgische Verwandtschaft demnächst standesgemäß wohnen werde.

Und wie sah nun der endgültige Entwurf aus?

Vieles ist aus Sempers Plan übernommen, von dem ja Demmler behauptete, er wiederhole in vielen Einzelheiten seine Ideen … Demmlers Entwurf zeigt gleichfalls den hohen Turm vor der Seefassade, allerdings mit Palast-, nicht mit Turmfenstern, ein Motiv, das Demmler mit vielen anderen von Schloss Chambord übernommen hat. Auf Anregungen aus Chambord gehen auch die Turmerker und die bekrönenden laternenähnlichen Rundtempelchen auf den Türmen zurück, desgleichen die festungsartigen Mauern. Wie in Chambord findet man auch in Schwerin eine umlaufende Abschlussbalustrade. Auch am Schweriner Schloss ist der Zierrat in der Dachzone besonders reich, sind die Mauerflächen durch kleine farbige Plättchen belebt.

Besonders fasziniert zeigte sich Demmler vom Donjon in Chambord. Er kopierte ihn auf seinem Schweriner Entwurf fast formgetreu hinter dem Hauptportal und wollte ihn aus Sandstein errichten lassen. Der Plan, einen fünfeckigen Bau mit sechs Fassaden auszustatten, folgt den Anregungen aus Chambord.

Manche Motive aus Chambord erscheinen in Schwerin in abgewandelter Form. Die Schweriner Türme wirken gegenüber Chambord allzu schlank und spitzig. Und die geradlinige Fenstergliederung der Schweriner Hauptfassade erscheint eintönig, desgleichen die obere offene Loggia mit den dünnen Säulen.

Demmlers Entwurf wurde im März 1845 von der Schlossbaukommission und vom Großherzog genehmigt. Somit stand der Hofbaumeister auf dem Höhepunkt seiner Laufbahn. Sein Entwurf wurde allen Forderungen, die man an das neue Schloss stellte, gerecht. Mit diesem Schloss konnte man wirklich Staat machen. Es stellte nicht nur eine repräsentative Wohnung für den Großherzog dar, sondern passte sich auch dem Charakter der malerischen landschaftlichen Umgebung an. Alte und neue Bauteile verbanden sich zu einer harmonischen Einheit. Es wurde zu einem eindrucksvollen, überzeugenden Denkmal für Mecklenburgs Vergangenheit und Gegenwart.

Aber da gab es noch eine scharfkantige Hürde.

Georg Adolph Demmler und die mecklenburgische Verfassung

Wer war Demmler?

Georg Adolph Demmler ist ein achtenswerter Repräsentant der deutschen Architektur des 19. Jahrhunderts. Seine Kindheit verlief auf Umwegen. Als uneheliches Kind des Güstrower Schornsteinfegermeisters Johann Gottfried Demmler und einer Witwe wurde er 1804 in Berlin geboren und wuchs dort in einer Pflegefamilie auf. Nachdem sich der Vater 1813 von seiner Frau getrennt hatte und mit der Mutter seines Sohnes zusammenlebte, ließ er dem neunjährigen Georg Adolph in Güstrow eine gründliche Schulbildung zuteil werden und förderte das deutlich sichtbare Interesse des Kindes an der Bautechnik. Der Weg des begabten Jungen führte an die Berliner Bauakademie, die unter Schinkel und Schadow auf einer beachtlichen Höhe stand und brauchbares handwerklich-künstlerisches Rüstzeug zu vermitteln vermochte. Besonders eng schloss sich Demmler an Schinkel und dessen Berliner Klassizismus an. Schinkel bahnte ihm den Weg in den mecklenburgischen Staatsdienst als Gehilfen des Oberlandesbaumeisters Carl Heinrich Wünsch.

Bereits 1823, mit neunzehn Jahren also, wurde Demmler zum großherzoglich mecklenburgischen Baukonducteur ernannt und ließ sich in Schwerin nieder. Nach Mecklenburg hatte er sich beworben, um dem preußischen Militärdienst zu entgehen.

Am mecklenburgischen Hof war damals noch der Baumeister Johann Georg Barca tonangebend. Das Land hat ihm eine Reihe von repräsentativen Bauwerken in Ludwigslust, Parchim, Wismar und Ribnitz zu verdanken. Auch die Baumeister Carl Theodor Severin und Carl Heinrich Wünsch spielten eine Rolle. Von Severin zeugen Bauten in Doberan, Rostock und Bad Sülze, von Wünsch stammen Bauten in Schwerin und das Gestüt in Redefin.

Danach wurde Demmler am Schweriner Theaterbau beschäftigt, wo ja zunächst nur Ausbesserungsarbeiten nötig waren. Nach 1831 schuf er die

*Georg Adolph Demmler:
Lithografie von C. Schultz*

Entwürfe für das neue Theater. In den Jahren 1834 und 1835 finden wir Demmler bei einem größeren Umbau des alten Gymnasiums im westlichen Domkreuzgang.

Nach dem Regierungsantritt von Großherzog Paul Friedrich 1837 nahm die Karriere von Demmler einen steilen Aufstieg, denn von ihm erhoffte sich der Großherzog die Verwirklichung seiner Stadterweiterungspläne und allgemeinen Baulust. Demmler war nicht nur fähig und fleißig, sondern besaß auch unternehmerische Fähigkeiten und verstand es, einflussreiche Bekanntschaften nicht nur zu schließen, sondern auch zu sichern, auszubauen und auszunutzen.

Neben dem Minister von Lützow, dem Geheimen Finanzrat Störzel, dem Stadtsyndikus Hofrat Knaudt und dem Landbaumeister Wünsch war auch Demmler Mitglied der Stadterweiterungskommission. Er konnte seine Kenntnisse und Fähigkeiten an neuen Aufgaben erproben und sich zudem einen Namen als Stadtplaner schaffen.

Auch an der Dämmung des Pfaffenteiches und der Anlage der umgebenden Straßen war Demmler beteiligt, und er identifizierte sich so sehr mit dieser Aufgabe und ihrer Lösung, dass er dort demonstrativ sein Wohnhaus errichtete.

Detail einer Tür im Thronsaal

Mecklenburgische Städtewappen in der Wandzone des Thronsaals

Demmler baute außerdem die Stadt- und Zolltore, die nach der Errichtung neuer Wälle 1848 erforderlich wurden, so das Güstrower und das Berliner Tor mit den je zwei Torhäuschen, in denen die wirtschaftshemmenden Landzölle erhoben wurden.

Damals begann die Zeit der Schlossentwürfe. Paul Friedrichs Baugesinnung wurde von Demmler wie folgt charakterisiert: »Hätte ich Paul Friedrichs Schloss mitten auf dem Jahrmarkt erbauen können, so würde ihm der Plan der liebste gewesen sein.«

Möglicherweise begann schon zur Zeit des ersten Schlossentwurfes in dem bis dahin überaus loyalen Demmler ein Gesinnungswandel gegenüber dem Großherzog, ausgelöst vielleicht durch eigenmächtige Initiativen der sehr selbstbewussten Großherzogin Alexandrine. Es kam zu einem peinlichen Zwischenfall.

Der Berliner Hofbaurat Stüler (1800–1865) war über den Schweriner Gartenbaudirektor Lenné mit dem Schweriner Schlossbauvorhaben bekannt geworden und übersandte dem Großherzog ohne Vorankündigung und unaufgefordert einen eigenen Entwurf. Es ist nicht ausgeschlossen, dass die Großherzogin Alexandrine, die Schwester des preußischen Königs, dabei ihre Hand im Spiele hatte. Der leicht erregbare Demmler war empört. Er fühlte sich zurückgesetzt und nicht mehr ganz ernst genommen. Beim folgenden Kampf um die Vormachtstellung setzte er sich jedoch durch und erhielt zur Besänftigung den Titel »Hofbaurat«. Aber die preußische Verwandtschaft ließ ihre Ansprüche nicht fallen, im Gegenteil.

Als großherzogliche Sommerwohnung sollte das sogenannte Greenhaus im Schlossgarten dienen. Es war jedoch so beschädigt, noch dazu vom Schwamm befallen, dass Demmler einen gründlichen Durchbau vornehmen musste. Gegenüber dem Greenhaus errichtete er das »Kavalierhaus« für die Hofhaltung und verband beide Gebäude durch eine Brücke aus Eisenguss. Der Großherzog trieb zur Eile. Es ging ihm nicht schnell genug, und er gab Demmler die Schuld an dem nach seiner Meinung zu langsamen Bautempo.

Demmler scheint viel Freude auch an dieser landschaftsgestalterischen Tätigkeit gefunden zu haben. Er leitete sogar den Bau neuer Weinbergmauern selbst; damals wurde am Rand des Schlossgartens Wein angebaut. So entstand in den Jahren 1840 bis 1842 der Grünhausgarten als kleiner englischer Park nach Entwürfen von Peter Josef Lenné (1789–1866). Die weithin leuchtende weiße Marmorstatue der Großherzogin Alexandrine von Hugo Berwald (1863–1937) wurde freilich erst im Jahre 1907 dort aufgestellt.

Der Großherzog drängte und drängte. Demmler behielt kaum Zeit zur gründlichen Ausarbeitung genauer Pläne, so für den neuen großen Marstall, der nach 1838 auf der Wadewiese errichtet wurde. Auch dieser Marstall, der heute noch durch seine schöne Lage und Anlage auffällt, ist Demmlers Werk. Zur Erbauungszeit galten das große Reithaus und die Pferdeställe als bewunderungswürdige, technisch vollendete Leistungen.

Demmlers größter Bau innerhalb der Stadterweiterung ist das Arsenal, ein militärisches Zeughaus und Waffenlager, das erforderlich wurde, als mit der Zurückverlegung der Residenz von Ludwigslust nach Schwerin auch das großherzogliche Gardebataillon hier in Garnison ging. Demmler hatte keine Zeit zu ausführlichen Plänen und legte nur eine flüchtige Bleistiftskizze vor, die sofort genehmigt wurde, obgleich die Minister finanzielle Bedenken vorbrachten. Im Jahre 1844 wurde das Arsenal vollendet und bildet bis heute eine der charakteristischen Schweriner Stadtansichten. Es enthielt die Werkstätten der Garnison, Waffenlager, Arrestlokale, Geschäfts- und Gerichtsräume sowie Unterkünfte für eine Kompanie Grenadiere. Als Vorbild diente der gotisierende englische Burgenstil.

Zur gleichen Zeit leitete Demmler auch die Instandsetzungsarbeiten im Schweriner Dom, wo er besonders viel Mühe auf die Ausgestaltung der großherzoglichen Grabanlage legen musste.

Mecklenburgischer Vormärz

In den 40er Jahren des 19. Jahrhunderts, der Zeit des Vormärz, dürfte Demmler zu liberalen Positionen vorgestoßen sein. Die stadtplanerische Tätigkeit schärfte seinen Blick für neue wirtschaftliche und politische Dimensionen. Diese Erkenntnisse führten ihn zu einer distanzierten und kritischen Haltung gegenüber dem Hof.

Während dieser Zeit hatten sich auch in Mecklenburg liberale Strömungen gebildet. In ihnen artikulierten sich Forderungen nach Reformen. Einer Revolution stand man jedoch gleichgültig und ablehnend gegenüber. Bedeu-

*Detail aus der Wandzone des Thronsaales mit mecklenburgischen Orden
rechts: Detail aus der Wand- und Deckenzone des Thronsaales*

tende Vertreter der liberalen bürgerlichen Opposition schrieben Beiträge zu dem vielgelesenen fünfbändigen Sammelwerk »Mecklenburg. Ein Jahrbuch für alle Stände« (1844–1848), das von dem Advokaten Wilhelm Raabe herausgegeben wurde und schließlich der Pressezensur zum Opfer fiel. Unter den Autoren finden sich Samuel Schnelle, Ludwig Reinhard, David Assur, Christian Dehn, Fritz Reuter, John Brinkman, Heinrich Hoffmann von Fallersleben, Georg Adolph Demmler sowie die Brüder Moritz und Julius Wiggers. Sie schufen charakteristische Literatur des deutschen Vormärz in mecklenburgischer Färbung.

Ludwig Reinhard (1805–1877), Verfasser der Satire »Schwerin, ein Sommermärchen«, mokierte sich über die alte und wieder neue mecklenburgische Residenz, über der schon der Glanz des zukünftigen Schlossbaus liegt.

> Sei mir gegrüßt, du Sitz der Vernunft,
> Und vieler Hohen Behörden,
> Die hoch geachtet und höher geschätzt
> Und am höchsten besoldet werden.
>
> Sei mir gegrüßt, Metropolis,
> Mit deinen zukünftigen Thürmen
> Und deinen Freiheitshelden, die
> mit der Hand in der Tasche stürmen.
>
> Die Stadt Schwerin ist Residenz
> Mit strahlender Physiognomie,
> Doch fehlt ihr noch der rechte Tick,
> Wie jedem Parvenu.
>
> In der Altstadt kann man beim Sonnenschein
> Wie Unter den Linden braten.
> Der Menschen sah ich wen'ge dort,
> Nur Beamte und Soldaten.

Im Schloss erblickt der Heine-Jünger eher ein machtpolitisches Symbol als ein künstlerisch wertvolles Bauwerk.

> Ich ging hinunter ans Ufer des Sees
> Und sah hinüber zum Schlosse,
> Dem feudalistischen Warnungspfahl,
> Dem riesigen Steinkolosse.
>
> Das alte Schloss im Dämmerlicht
> Gleicht ausgeflickten Ruinen,
> Es ist mir stets wie die Todtenhand
> Des Mittelalters erschienen.
> Und jauchzen will ich, ich kann's der Nacht
> In meiner Freude wohl sagen,
> Werden, wie es verheißen ist,
> Diese Thürme erst abgetragen.

Diese Bildersturmgesinnung führte jedoch nicht zu Taten – zum Glück für Schwerin, können wir heute nur sagen!

Die ernstzunehmende liberale Bewegung richtete ihr Augenmerk vor allem auf die Verfassungsfrage. Die Art und Weise, wie das Land regiert wurde, sollte den Erfordernissen der modernen Zeit angepasst und für alle Einwohner verständlich dargestellt werden. Im Jahre 1847 forderte der Gutsbesitzer Johann Pogge auf Roggow öffentlich die Umgestaltung der alten mecklenburgischen Verfassung. Seine Forderungen fanden ein Echo in den Kreisen des städtischen Bürgertums. Auch in Schwerin wurde dem Magistrat eine Petition überreicht, in der die Forderungen Pogges unterstützt wurden.

Die 48er Revolution in Schwerin und ihre Folgen

Pogges Antrag wurde zwar abgelehnt, er erwies sich jedoch wegen seiner auslösenden Wirkungen auch auf andere Prozesse dennoch als Erfolg. Die Führung der liberalen Bewegung ging auf die Städte über. Die Pariser Februarrevolution des Jahres 1848 war in aller Munde und wirkte beflügelnd. In

Seiten 84/85: Die Decke des Thronsaales

den ersten Märztagen wurde von Schweriner Bürgern eine neue Petition an den Großherzog gerichtet. Man verlangte eine Verfassungsreform und die Einberufung eines außerordentlichen Landtages. Diese Petition trug 1200 Unterschriften. Aus Rostock und anderen Städten trafen täglich Abordnungen mit ähnlichen Forderungen in Schwerin ein, die sich bald auch auf die Presse- und Versammlungsfreiheit sowie auf ein gesamtdeutsches Parlament ausweiteten.

Der Großherzog lehnte zwar Deputation und Petitionen ab und verwies auf den Instanzenweg, fand sich schließlich aber doch zu Zugeständnissen bereit. Am 18. März 1848 wurde in Schwerin die Pressefreiheit verkündet. Auch erste Schritte zur Verfassungsänderung zeichneten sich ab. Am 23. März erließ der Großherzog eine Proklamation.

»An meine Mecklenburger! Die gewaltige Wendung der politischen Verhältnisse veranlaßt Mich, Meinem treuen Lande zu sagen, wie Ich's meine und was Ich will. In unserem engeren Vaterland wäre eine Reform der Landesvertretung, auch abgesehen von den Weltereignissen der neusten Zeit, unvermeidlich gewesen. Sie ist jetzt das dringendste Erfordernis. Es liegt die Notwendigkeit vor, dass Mecklenburg in die Reihe der konstitutionellen Staaten eintrete, und weil Ich diese Notwendigkeit erkenne, so ist es Mein ernstlicher Vorsatz, dass der Schritt unverzüglich geschehe, damit die Ungewissheit, welche zur Zeit über den künftigen Verhältnissen des Landes schwebt, sobald als irgend möglich behoben werde.«

Als am 7. November 1849 Großherzog Friedrich Franz II. mit seiner neuvermählten Gemahlin Auguste von Reuß in die Residenzstadt einzog, wurde er von der Schweriner Bürgerschaft bei glänzender Illumination festlich eingeholt und durch geschmückte Ehrenpforten geführt.

Demmler hatte von Anfang an auf der Seite der liberalen Kräfte gestanden und als aktives Mitglied des Schweriner Bürgerausschusses die Forderungen nach Pressefreiheit und Verfassungsreform unterstützt. Als im Freienwalder Schiedsspruch 1850 die neue Verfassung von 1849 aufgehoben und das alte ständische Grundgesetz aus dem vergangenen Jahrhundert wieder eingeführt wurde, opponierte Demmler. Er forderte im Bürgerausschuss, der Magistrat und die Vertretung der Bürgerschaft sollten gegen jede Verletzung der neuen Verfassung protestieren und den Freienwalder Schiedsspruch ablehnen. Daraufhin ging die neue Regierung, die inzwischen an die Stelle der konstitutionellen getreten war, disziplinarisch gegen Demmler vor. Man warf ihm vor, dass er als großherzoglicher Beamter diese Regierung und ihre Entscheidungen nicht in Frage stellen dürfe.

Demmler zog seine Konsequenzen.

»Ich muß allein meiner Überzeugung von demjenigen, was Recht und was dem Wohle der Commune entsprechend ist, folgen«, schrieb er am 3. Oktober 1850 an das Ministerium. Und noch im gleichen Monat reichte er seinen Abschied ein. Am 24. Juni 1851 wurde ihm gekündigt, nachdem er schon vorher seine Ämter als Hofbaurat und Mitglied der Schlossbaukommission verloren hatte. Der Großherzog ließ es sich nicht nehmen, Demmler für seine »bleibenden Verdienste und ausgezeichneten Fähigkeiten« seinen Dank auszusprechen.

Der Schlossbau war längst in vollem Gang. Es muss sehr hart für Demmler gewesen sein, diese Baustelle zu verlassen.

*Fürstliches Haus in Heiligendamm.
Wandgemälde von Friedrich Jentzen in der Schlössergalerie*

Ein Obotritenschloss mit Preußens Billigung

Großbaustelle am Schweriner See

Im Frühjahr 1848 hatte Georg Adolph Demmler mit seinem Mitarbeiterstab und einem Heer von Arbeitskräften den Um- und Neubau des Schlosses begonnen. Zunächst wurden die Räume des Schlosses »leergezogen«, Bewohner und Institutionen umgesiedelt. Die Hauptperson, nämlich der Großherzog, verlegte den Wohnsitz ins Neustädtische Palais, die Schlosswache zog ins Kommandantenhaus in der Schlossstraße, die Kunstsammlungen brachte Demmler in seinem eigenen Wohnhaus am Pfaffenteich unter.

Während des Jahres 1845 waren 450 Arbeiter damit beschäftigt, Nebengebäude auf der Stadt- und Burggartenseite des Schlosses abzubrechen. Die Schlossinsel muss damals wie ein Trümmerhaufen ausgesehen haben, und wohl so mancher Schweriner Bürger wird verständnislos und sorgenvoll den Kopf über solche Zerstörungswut geschüttelt haben. Nach und nach verschwanden das Galeriehaus über dem Portal, das Zeughaus, das Back- und Brauhaus, das »Haus mit der Schlossuhr«, der Zwinger, die Badestube und andere kleine Nebengebäude. Bei diesen Abbrucharbeiten wurden auch Zeugnisse aus der Vergangenheit durch Unverständnis vernichtet. Demmler selbst war viel zu sehr von den faszinierenden Möglichkeiten des Neubaus beeindruckt, als dass er sich während dieser Zeit für bauhistorische Untersuchungen interessiert hätte. Baureste von der Burg der Grafenzeit ließ er wie allen anderen Schutt abtragen, ohne dass Beschreibungen oder gar Zeichnungen davon angefertigt wurden. Die Bauaufnahmen, die Hermann Willebrand während des Umbaus und auch schon vorher angefertigt hatte, reichen zur Beurteilung früherer Bausituationen nicht aus.

Es ging ja auch alles viel zu schnell, denn der Großherzog wollte so bald wie möglich residieren. Die detailgetreuen Aquarellzeichnungen des Hofmalers Theodor Schloepke (1812–1878) vermitteln ein eindrucksvolles Bild des alten Schlosses vor 1845.

Gleichzeitig mit dem Abbruch begann man mit dem ersten Abschnitt des Neubaus, nämlich mit den Arbeiten am Fundament des Hauptturms und der Terrassen an der Seeseite. Diese Arbeiten waren wegen des feuchten Untergrundes aufwändig und erforderten das Einrammen zahlreicher Holzpfähle. Nach Prüfung der stehenbleibenden alten Bauteile hatten sich auch Verstärkungen an den Grundmauern als notwendig erwiesen, wobei auch Sprengungen am festen alten Mauerwerk vorgenommen werden mussten.

Die Winterpause war kurz, denn schon im Januar 1846 ging es mit den Neubauten an der Nord- und Nordostseite weiter. Die Zahl der Arbeiter wuchs. Die durchschnittliche Anzahl der am Schlossbau Beschäftigten wird mit 700 angegeben.

Zum engeren Mitarbeiterstab Demmlers gehörten die Bauleiter Behnke und Willebrand. Demmler war ein sehr praxisbezogener Baumeister, der schon etwas von einem modernen Unternehmer an sich hatte. So ließ er alle Schweriner Tischler durch eine Zeitungsanzeige in sein Haus rufen und machte ihnen Angebote nach strengsten Qualitätsmaßstäben, wobei er sich auf Erfahrungen vom Innenausbau des Leineschlosses in Hannover stützte. Immer wieder bestätigte er, dass alle Tischlerarbeiten im Schweriner Schloss, so die reichen Intarsienfußböden, mit besonderer Tüchtigkeit, Sauberkeit und zu ungewöhnlich niedrigen Preisen hergestellt worden waren. Demmlers organisatorische Fähigkeiten wurden auch in der zeitgenössischen Literatur gewürdigt.

Demmler war häufig von der Baustelle abwesend, denn er unternahm in Begleitung des Großherzogs noch weitere Studienreisen, so zu den dänischen Königsschlössern Frederiksborg und Cronborg. Der Baukondukteur Hermann Willebrand besichtigte mit Schweriner Tischlern die prächtigen Intarsienfußböden des Leineschlosses in Hannover.

Im Oktober 1847 besuchte Demmler noch einmal die Schlösser in Versailles, Blois und Chambord zu Detailstudien. In Köln führte er Besprechungen mit dem Dombaumeister Ernst Friedrich Zwirner (1802–1861), der schließlich mit den Entwürfen zur Ausgestaltung der Schlosskirche, insbesondere aber mit dem neugotischen, den Renaissancecharakter sprengenden Choranbau beauftragt wurde.

Zur gleichen Zeit liefen schon die Um- und Neugestaltungsarbeiten im Schlossgarten, in die sich der Potsdamer Gartenbaudirektor Lenné mit Rat und Tat einschaltete. Schon 1818 war östlich des Kreuzkanals ein Pavillon gebaut worden, der als Ausflugslokal genutzt wurde. Die Umgestaltungs- und Verschönerungsarbeiten waren im Wesentlichen bis 1855 abgeschlossen.

Im Jahre 1847 erhielt das Bischofshaus ein neues Dach. Und schon am 28. August des gleichen Jahres feierte man das Richtfest des Hauptturmes, der somit zum ersten fertiggestellten Teil des neuen Schlossbaus wurde. Man legte großen Wert auf die Wirkung dieses Turms innerhalb der Schweriner Stadtsilhouette. Damals war er mit seiner Höhe von 70 Metern über dem Spiegel des Schweriner Sees (103 Meter über der Ostsee) der höchste Turm der Stadt, denn der Dom hatte noch nicht den heutigen hohen Turm.

Am Richtfest nahmen über 700 Personen teil, außer Demmler und den Baukondukteuren die Kassierer, Poliere und die Werkführer der Kunstziegelei, die beiden Bildhauer und 12 Steinmetzen, 124 Maurergesellen und ihre Handlanger, 50 Zimmerleute mit ihren Handlangern, 5 Töpfergesellen, 20 Seefahrer, 9 Fuhrleute, 34 Holzsäger, 420 Tagelöhner und andere. Die dabei verbrauchten Lebens- und Genussmittel freilich hielten sich in einem bescheidenen Rahmen, nämlich 90 Flaschen Wein, 32 Anker Branntwein (1 preußischer Anker = 34 Liter), ein Anker und 12 Kannen Rum, 13 Tonnen Bier, 183 Pfund Käse, 88 Pfund Butter, 1400 Schillingssemmeln, 3 Torten, 300 Zigarren und 8 Pfund Tabak. Es gab also weder Fleisch noch Wurst, und jeder Teilnehmer musste sich mit zwei Schillingssemmeln begnügen.

Schloss Güstrow:
Wandgemälde von Friedrich Jentzen
in der Schlössergalerie

Nach dem Richtfest wurde der Turm verputzt, und danach traten die Kupferdecker in Aktion. Als Abschluss erhielt der Turm Helmstange, Wetterfahne und Kugel, die am 9. September 1848 geschlossen wurde. Sie birgt in gläsernen Flaschen wie damals üblich Münzen, Urkunden und Drucksachen, die zum Teil noch aus der Kugel des Uhrturms stammen, die im Jahre 1752 gefüllt worden war, nämlich Münzen aus der Zeit des Herzogs Christian Ludwig II., der Großherzöge Friedrich Franz I., Paul Friedrich und Friedrich Franz II., mecklenburgische Staatskalender von 1792 und 1848, einen Wohnungsanzeiger mit Stadtplan von Schwerin, die Statuten des Schweriner Gewerbevereins und ein Verzeichnis des Armeninstituts aus den Jahren 1844/46, die Nummer 12 des »Offiziellen Wochenblattes« von 1848 sowie den Erlass des Großherzogs »An meine Mecklenburger« und andere großherzogliche Reden.

Auf dem alten Palaisbauplatz, wohin sich Großherzog Paul Friedrich sein Traumschloss gewünscht hatte, waren Zeichenbuden sowie Tischler- und Steinmetzwerkstätten eingerichtet worden. Auf floßartig schwimmenden Brücken konnte man auch mit schweren Werkstücken die Schlossinsel bequem erreichen.

Bei einem so repräsentativen Bau begnügte man sich nicht mit gewöhnlichen gebrannten Ziegeln: man brauchte auch Sand- und Haussteine, die sich in der mecklenburgischen Endmoränenlandschaft nicht finden lassen. Daher musste man sie mit sehr hohen Transportkosten wie einige Jahrzehnte zuvor beim Ludwigsluster Schlossbau von außerhalb beziehen, und zwar aus Postelwitz in Sachsen und Obernkirchen bei Bremen. Der Sandstein aus Postelwitz kam auf dem Wasserweg über Dömitz. Die optische Wirkung des Schweriner Schlosses sollte einem exklusiven Sandsteingebäude entsprechen, und wo der importierte Sandstein nicht ausreichte, wurde er durch Putzstruktur und Farbgebung »gestreckt«, d. h. die gebrannten Ziegel wurden übermalt.

Die umfangreichen Terrakottaarbeiten zur Fassadengestaltung wurden in der einheimischen Kunstziegelei am Kläterberg hergestellt. Ihre Qualität erreichte einen hohen Stand, obgleich sie im Vergleich zu den alten Terrakottareliefs aus der Werkstatt des Statius von Düren fabrikmäßig wirken. Wie Jahrzehnte zuvor beim Ludwigsluster Schlossbau wurde auch für den Bau des Schweriner Schlosses eine Kartonfabrik eingerichtet, in der plastische

Dekorationslemente aus Pappmaché hergestellt wurden. Dazu verwendete man die alten Gussformen.

Das Jahr 1849 führte zu einer Pause im Schlossbau, denn am Neustädtischen Palais mussten Erweiterungsarbeiten vorgenommen werden, damit der Großherzog seiner jungen Gemahlin eine halbwegs annehmbare Wohnung bieten konnte.

Der Frühling des kommenden Jahres brachte neuen Aufschwung, und die Zahl der Arbeiter stieg weiter. Jetzt wurde der große Saal überdacht, den man später wegen seiner Ausstattung »Goldener Saal« nannte. Der Eckturm im Südwesten fand seinen Abschluss. Das Mauerwerk der Fassade war fast überall bis zum Hauptgesims emporgezogen.

Friedrich August Stüler

So hätte es zügig weitergehen können, wenn nicht Demmler am 24. Juni 1851 entlassen worden wäre. Nach diesem Einschnitt trat wiederum eine Verzögerung ein, denn der Großherzog musste sich mit der Schlossbaukommission nach einem neuen Hauptverantwortlichen für die Bauleitung umsehen. Seine Wahl fiel auf den Berliner Oberbaurat Friedrich August Stüler, der ja schon zuvor in die Schlossplanung eingegriffen hatte. Nun trat er seine Tätigkeit nicht eher an, bevor er sich nicht doch noch nachträglich in der Schlossplanung durchgesetzt hatte. Mit der Portalfassade seines Vorgängers konnte er sich nicht anfreunden; er ließ sie ändern.

Auch sonst war er bedacht, Demmlers Vorgaben möglichst weit zurückzudrängen. Dessen Lieblingsmotiv, der aus Chambord übernommene Donjon, wurde aufgegeben. An seine Stelle trat eine typische Stüler-Gestaltung, nämlich eine hohe durchbrochene Kuppel, die wie die Engelsburg in Rom von einer Statue des Erzengels Michael, ausgeführt von August Kiss (1802–1865) bekrönt wurde. Eine ähnliche Kuppel hatte Stüler am Berliner Schloss gebaut. Diese rein dekorative Bauform erwies sich keineswegs als unorganischer störender Fremdkörper. Lediglich die Wirkung des Hauptturms wird beeinträchtigt. In einer zeitgenössischen Rezension bezeichnete man die Kuppel als »Torhüter im Gewande eines Prälaten.«

Schloss Ludwigslust.
Wandgemälde von Friedrich Jentzen in der Schlössergalerie

Wo Demmler an der Stadtfassade eine Loggia geplant hatte, baute Stüler eine offene Halle, in die die überlebensgroße Reiterfigur des Fürsten Niklot, auf den der Großherzog immer betonter seine altslawische Familientradition zurückführte, gestellt wurde. Dieses romantische Liebäugeln mit seiner slawischen Herkunft entsprach einer persönlichen Neigung des Großher-

*Innenhof des neuen Schweriner Schlosses.
Aus der „Festschrift"*

zogs, die im Zusammenhang mit den sich entwickelnden archäologischen Interessen seiner Zeit steht.

Stüler veränderte auch die Form des Ehrenhofes, indem er in die Säulenkolonnade korinthischer Ordnung ein größeres triumphbogenartiges Tor einfügte. Demmler hatte für die Stadtfassade sechs Achsen geplant, Stüler verminderte diese Zahl auf fünf, und die drei mittleren Fenster betonte er durch rahmende Nischen mit Standbildern. Dadurch erreichte er eine straffere Gliederung der repräsentativen Eingangsseite und betonte ihre schwierige Funktion als Schaufassade. Man muss nämlich bedenken, dass diese Seite die sechste Fassade eines fünfeckigen Baus ist. Von ihr erwartete man eine Wirkung, die in der Stülerschen Schlossmonografie wie folgt beschrieben ist: »Es streben die Standbilder durch ihre Anordnung und Verteilung, die Schlußbögen der Eingänge, die Halle und Nischen und endlich auch die Giebelkrönung zu einem Ziel nach oben hinauf und scheinen dem ins Schloss Eintretenden schon im Voraus den hohen Sinn des Herrn zu verkünden, der in diesem Schloss gebietet.«

Stülers Mitwirkung am Schweriner Schlossbau sollte sich durchaus als Gewinn erweisen. Unter Stüler arbeiteten auch die Baukondukteure Behnke, Hermann Willebrand und Sohn, Daniel und Luckow. Die Aufgaben waren genau verteilt. Behnke leitete die östlichen Bauteile, Willebrand sen. die westlichen. Willebrand jun. war für die Kunstwerkstätten verantwortlich, die Baukondukteure Daniel und Luckow fertigten die Zeichnungen für die innere Dekoration an.

Im Jahre 1854 waren die Dächer eingedeckt, die Kuppel stand schon ohne Gerüst. Die Schweriner sollten bereits etwas von der künftigen Wirkung des Prachtbaus ahnen und durften täglich während der Mittagspause der Bauleute von 12 bis 14 Uhr die Baustelle besichtigen. Das Schloss war keineswegs nur eine Privatangelegenheit des Großherzogs, sondern erfreute sich größten öffentlichen Interesses.

Der Ausbau der Schlosskirche mit dem neugotischen Chor nach den Plänen von Zwirner wurde 1855 abgeschlossen. Der Großherzog hatte allen Grund zu einem feierlichen Dankgottesdienst. Das Gebet, das er beim Tode seines Vaters aufgezeichnet hatte, schien vollauf erhört: »Welche Schickung, mein Gott, von Dir! … Gieb mir die Kraft zu meinem Beruf, gieb mir treue Diener und Unterthanen, segne Mecklenburg! Laß mich in Papas Fußstapfen treten, den König mir zum Vorbild dienen.« Mit dem König ist Friedrich Wilhelm IV. von Preußen gemeint.

Abschlussarbeiten

Während des Jahres 1856 vollendete man große Teile der Inneneinrichtung des Schlosses, an deren Entwurf der Berliner Hofbaurat Johann Heinrich Strack (1805–1880), der Erbauer der Nationalgalerie, entscheidend beteiligt war. Er zeichnete vor allem für das Mobiliar verantwortlich. Mit den Stuck-, Maler- und Bildhauerarbeiten waren Scharen von Handwerkern beschäftigt. Eine moderne Besonderheit des Schweriner Schlosses besteht darin, dass viele Einzelteile bereits industriell vorgefertigt wurden und insbesondere der Eisenguss dominiert. Demmler hatte die Haupttreppe des Schlosses noch in kunstvollem Steinschnitt geplant. Manche Zeitgenossen empfanden diese Treppe als zu modern. In einer Rezension heißt es, diese Treppe mit ihrem verschwenderischen Flitterprunk sei eher dem Magazin eines modernen Schnittwarenhändlers als dem monumentalen Schloss eines Fürsten angemessen.

Der reiche Skulpturenschmuck des Schlosses stammt von mehreren Bildhauern, nämlich Christian Friedrich Genschow (1814–1891), Gustav Adolf Friedrich Willgohs (1819–1882) Albert Wolff (1814–1892), Kalnas von Kalnassi und Heinrich Petters (1810–1884).

Die Tafel- und Glasgemälde stammen von dem Berliner Historienmaler Adolf Pfannschmidt (1819–1887) sowie von den Malern Theodor Fischer-Poisson (1817–1873) und Carl Georg Christian Schumacher (1797–1869). Die nicht mehr erhaltenen Glasgemälde der Schlosskirche und die 18 Porträts mecklenburgischer Herzöge für die Fenster des Waffensaales schuf der Glasmaler Gillemeister (1817–1887) nach Entwürfen von Gaston Lenthe (1805–1860).

Der Waffensaal wurde im Frühjahr 1857 eingerichtet und darin die Sammlung mecklenburgischer Altertümer aufgestellt. Um diese Sammlung, die mit zum Grundstock der Schweriner Museumsbestände gehört, hat sich ein namhafter Schweriner Wissenschaftler besonders verdient gemacht, nämlich der Bibliothekar und Archivar Georg Christian Friedrich Lisch (1801–

Seiten 100/101: Blick in die Ahnengalerie

1883). Er hatte im Jahr 1835 den Verein für mecklenburgische Geschichte und Altertumskunde gegründet und seitdem jährlich einen Sammelband mit längeren wissenschaftlichen Beiträgen und etwas kürzeren informatorischen Mitteilungen herausgegeben, die »Mecklenburgischen Jahrbücher.« Er hatte auch die Sammlung mecklenburgischer Altertümer zusammengetragen, mit der im Jahr 1837 nach der Zurückverlegung der Residenz nach Schwerin die Ludwigsluster Kunstsammlungen vereinigt wurden.

Im Jahr 1857 stellten die Maler Rudolf Elster (1820–1872) aus Braunschweig, Heinrich Peters aus Berlin, Fischer-Poisson und Schumacher aus Schwerin die Fresken im Goldenen Saal sowie die Bilder der Ahnengalerie fertig. Diese Ahnengalerie als fürstliche Selbstdarstellung, als Beweis von Sukzessiven und Kontinuität ist das Ergebnis einer romantisch-wissenschaftlichen Konzeption, mit der Historiker und Künstler gleichermaßen befasst waren. Endlich gab es einen Ort, an dem das großherzogliche Selbstwertgefühl überzeugend dargestellt werden konnte. Etwa die Hälfte der 25 Meter langen Ahnengalerie besteht aus Porträts früherer Hofmaler wie Peter Boeckel (gest.1599), Georg David Matthieu (1737–1778) und anderer, die übrigen wurden nach dem Wunsch des Großherzogs »angefertigt«, wobei die Maler in vielen Fällen auf sehr alte Vorlagen angewiesen waren.

Gegen Ende des Jahres 1857 wurden dann auch die überaus aufwändigen Arbeiten im Thronsaal abgeschlossen. Die Ausstattungsarbeiten sowie die Umgestaltung des Burg- und Schlossgartens zogen sich noch mehrere Jahre hin. So wurden die Laubengänge, die zu den charakteristischsten Partien des Schlossgartens gehören, erst im Jahre 1861 durch den Hofgärtner Theodor Klett (1808–1882) angelegt.

Die Wohnzimmer auf der Burggartenseite, die sogenannten Reußischen Kammern – die Großherzogin war eine Prinzessin von Reuß – wurden erst 1859/60 eingerichtet, desgleichen die Zimmer der Prinzen und ihrer Erzieher. Die Hessischen Zimmer – benannt nach der neuen Großherzogin Anna, einer Prinzessin aus Hessen – stammen aus dem Jahre 1864. Im Burggarten wurden Gewächshäuser sowie die romantische Grotte mit Steinen aus der »Schurre« vom Ostufer des Schweriner Sees errichtet.

Bei allen diesen Arbeiten spielten Urteil und Zustimmung des preußischen Königspaares eine große Rolle. Und Friedrich Wilhelm IV. von Preußen billigte das Schloss seines Neffen, so wie er auch die Pläne schon gutge-

Situationsplan von Schloss und Schlossinsel. Schnitt durch das Hauptgeschoss

a Der große Schweriner See
b Der Burgsee
c Schlossbrücke
d Vorhof
e Schlosshof
f Weg zum Schlossgarten
g Eingänge zum Burggarten
h Terrassen
i Rampe
k Unterwölbte Rampe
l Pavillon
m Grotten-Terrassse
n Stierbändiger
o Candelaber
p Freitreppe
q Springbrunnen
r Augustinerinsel

heißen hatte: »Die Schlosspläne und Aufrisse haben mir einen hohen Genuss gewährt. Ich finde das Ganze sehr originell und schön. Führst Du es aus, so kannst Du in Wahrheit sagen, dass Deine Residenz keiner andern ähnlich sieht, weil Du so vernünftig gewesen, da fortzubauen, wo Narren Neues bauen wollten.«

Die Kosten für den Neubau des Schweriner Schlosses beliefen sich auf 3 420 000 Mark damaliger Währung.

Detail eines Intarsientisches im Speisezimmer

Wandgestaltung im Speisezimmer

Der Einzug

Im Mai des Jahres 1857 zog die großherzogliche Familie in das neue Residenz-Schloss ein, und die Einweihung wurde drei Tage lang mit Pracht und Aufwand unter Anteilnahme des ganzen Landes gefeiert; es war wohl das größte Fest, das jemals in Schwerin stattgefunden hat. Äußerer Anlass war der 35. Geburtstag der Großherzogin Auguste.

Zum 26. Mai wehten die mecklenburgischen Landesfahnen in den Farben blau-gelb-rot auf dem Dom, dem Turm der Schelfkirche und dem Rathaus. Am Stadthaus hatte man einen Triumphbogen errichtet. Bei Tagesanbruch wurden von der Paulstadt aus 101 Kanonenschüsse als Salut abgefeuert. Die Straßen, durch die sich der festliche Zug bewegen sollte, waren mit Sand, grünen Zweigen und Blumen bestreut. Um acht Uhr morgens versammelten sich auf dem Schelfmarkt die Handwerksämter mit ihren Fahnen, Emblemen und Stäben, um sich zum Spalier vom Neustädtischen Palais bis hin zum Alten Garten aufzustellen. Um neun Uhr verlieh der Großherzog denjenigen Gewerken, die am Schlossbau beschäftigt gearbeitet hatten, vor dem Neustädtischen Palais die Ehrenbanner als Anerkennung und Auszeichnung. Unter Hurra-Rufen erhielten die Vorsteher der Maurer, Zimmerleute und Tischler, der Eisen- und Stahlschmiede, der Maler, Glaser und Drechsler, der Klempner, Nadler und Gelbgießer, der Töpfer und Ziegler große weiße seidene Fahnen mit reicher Goldstickerei und einer gemalten Abbildung des neuen Schlosses. Alle Häuser in der Innenstadt hatten geflaggt und waren mit Girlanden, Festons, Kränzen und Blumenkronen geschmückt. Ein Gewitter braute sich zusammen, ging aber nicht auf die Stadt herunter.

Schon am Vorabend hatte es ein interessantes Schauspiel gegeben: das preußische Königspaar war mit der Eisenbahn in Schwerin eingetroffen und von einer Ehrenwache mit klingendem Spiel und schwarz-weißen preußischen Fahnen eingeholt worden. Auch der Prinz von Preußen, der spätere deutsche Kaiser Wilhelm I., zählte zu den Gästen. Er logierte bei seiner Schwester, der Großherzogin-Mutter im Alexandrinenpalais am Alten Garten.

Auf dem großen Platz versammelte sich um halb zehn Uhr die mecklenburgische Armee in Galauniformen zu einer farbenprächtigen Truppenparade. Um zehn Uhr ertönte der erste Kanonenschuss, und zugleich begannen alle Schweriner Glocken zu läuten.

Am Neustädtischen Palais setzte sich der gründlich renovierte mecklenburgische Staatswagen in Bewegung, gezogen von acht Apfelschimmeln mit goldschimmerndem Geschirr. Der große Festzug begann. In zeremoniell langsamem Tempo durchfuhr er das dichte Spalier, das von der Schützenzunft und den Gewerken gebildet wurde. Besonders kleidsam war die Festtagstracht der Schlachter mit ihren weißen Jacken, schwarzen Hosen und roten Mützen.

Eröffnet wurde der prächtige Festzug vom Major Lemcke mit einer Abteilung Gendarmen. Ihm folgten zwei Züge der Ludwigsluster Dragoner in ihren viel bewunderten blauen Uniformen. In der ersten Kutsche saßen die Kavaliere Ihrer Königlichen Hoheit, der Großherzogin, in der zweiten ihre Hofdamen. Die dritte Kutsche war für die Oberhofmeisterin von Bülow und den Generalmajor von Sell reserviert, die für die Ordnung des Zuges verantwortlich zeichneten. Dann folgten der Stallmeister Blieffert, der Leutnant von Wickede vom Dragoner-Regiment sowie die Stalljunker von Bülow und von Passow zu Pferde. Zwei Läufer mit Stäben zeigten die Galakutsche an. Sie wurde von acht Pferden gezogen, von Pagen und Heiducken flankiert, und darin saßen Ihre Königlichen Hoheiten, der Großherzog und die Großherzogin mit den »Hochfürstlichen« Kindern, begleitet vom Flügeladjutanten Oberst von Zülow rechts und Stallmeister Kammerherr von Brandenstein links der Kutsche. Hinter der großherzoglichen Familie ritten die Flügeladjutanten Major von Müller und Premierleutnant von Koppelow, gefolgt von zwei Zügen der Ludwigsluster Dragoner. Eine weitere Abteilung Gendarmen bildete den Abschluss des farbenprächtigen, vor allem von Uniformen bestimmten Festzuges.

Langsam bewegte sich dieser farbige Umzug durch die Königs- und Schlossstraße auf den Alten Garten zu, während die Glocken läuteten und von der großherzoglichen Artillerie auf den Schlossbastionen Salut geschossen wurde. Der akustische Eindruck sollte einen ebensolchen Höhepunkt erreichen wie der optische.

Neu, taufrisch und gleichsam unberührt lag das Schloss, das Ziel des Festzuges, in der Vormittagssonne. Unter der Kuppelhalle mit der Reiterfigur des

Die rote Audienz

Fürsten Niklot, einem Werk des Bildhauers Christian Friedrich Genschow (1814–1891) blickten vier geschichtsbewegende Ahnen ihrem späten Nachfahren entgegen: Gunzelin I., von 1166 bis 1187 erster Graf von Schwerin, der Befestiger der Burg und eigentliche Stadtgründer, sein Nachfolger, Graf Heinrich I., dann Herzog Albrecht II., der 1359 die Grafschaft Schwerin erwarb und die Residenz von Mecklenburg nach Schwerin verlegte, sowie Herzog Magnus II., der von 1477 bis 1503 regierte und Bauten an der Burg, das allmählich zum Schloss werden sollte, ausführen ließ.

Das Erkerzimmer. Aus der „Festschrift" (Ausschnitt)

Die großherzogliche Galakutsche fuhr durch das Stadtportal auf den Schlosshof. Im Gartenportal wurden die Allerhöchsten Herrschaften dann von den Hofmarschällen von Bülow und Baron von Stenglin empfangen und in die Halle vor der Haupttreppe geleitet. Dort hatten sich die Schlossbaukommission und die Schlossbauleitung zum Empfang aufgestellt, desgleichen die Oberhofmeisterin von Bülow mit den Hofdamen, ferner die Kammerherren und Kammerjunker, die gerade nicht zum Dienst abkommandiert waren.

Nachdem der erste Baumeister eine Ansprache gehalten hatte, wurden die Schlüssel des Schlosses vom Schlosshauptmann von Lützow dem Großherzog überreicht Zuvor hatte sie der Hofbaumeister Willebrand auf einem seidenen Kissen präsentiert.

Zu diesem festlichen Anlass hatte der Schlosshauptmann ein Gedicht verfasst, das den Geist und die Atmosphäre der Feierlichkeit besonders treffend wiedergibt.

> Sieh'! dort über Weinlaubsäulen,
> Bogengängen und Terrassen,
> Die sich labyrinthisch teilen,
> Rings das Inselland umfassen,
> Zwischen Ulm'- und Pappelbäumen
> Und Orangenblüten,
> Die, vor rauher Seeluft Räumen,
> Glaspaläste hüten, –
>
> Steigt die Residenz empor –
> Frankreichs Chambord-Schlosse gleich! –
> Thürme ragen weit hervor,
> Und an deutscher Baukunst reich
> Pranget in den Außenmauern
> Selt'nes Ornament,
> Dem, Jahrhunderte zu dauern
> Und dem Element
> Trotz zu bieten, seine Schönheit
> Mit mehr Sicherheit verheißt
> Als die stein'ge Festigkeit,
> Die des Sturms Gewalt zerreißt. –
> Nicht zu schildern ich mir traue
> Die Reliefs in Thon,
> Wünsch, dass Jeder sie beschaue,
> Unsers Bauwerks Kron'.
>
> Diese tausend Medaillons,
> Blumen, Früchte, Arabesken,

Und die schnörkelnden Balkons
Mit den zierlich leichten Fresken;
Diese Friese und Consolen
An den Fensterblenden
Von den Giebeln bis zur Sohlen
Rings an alten Wänden.
Und die Thürmchen mit den Säulen,
Und die bunten Schornsteinröhren,
Die gar schlank zur Höhe eilen,
Läst'gen Rauch im Schloss zu wehren;
All die Knöpfe, Mond und Sterne,
Die von Thurmesspitzen
Golden strahlen in die Ferne
Und von Erkern blitzen;

Auch die hohe Säulenhalle,
Die den Gardegrenadieren
An der Wach' und dem Portale
Dienet, drin zu paradieren;
Dann die Gäng und Gallerien –
Stein und Eisenguss –
Die sich um den Schlosshof ziehen,
Bietend trocknen Fuß.

Nachdem der Herzog die Schlüssel dem Oberkammerherrn von Plessen weitergegeben hatte, stieg die ganze vornehme Hofgesellschaft die schwarze Marmortreppe mit den extrem niedrigen und somit sehr bequemen Stufen empor und begab sich, vorbei an der Galawache, durch das Sagenzimmer in die Gemächer der Großherzogin. Das zahlreiche Gefolge freilich musste im Sagenzimmer zurückbleiben und hatte somit reichlich Gelegenheit, die Fresken an der Decke und den Wänden zu betrachten. Von der Decke grüßten die allegorischen Figuren von Religion, Geschichte, Sage und Poesie; an

Seiten 112/113: Blick in das Speisezimmer

den Wänden prangten zwölf Darstellungen aus der altdeutschen Sagenwelt des Gottfried von Straßburg, Wolfram von Eschenbach und Hartmann von der Aue.

Die Zimmer der Großherzogin waren mit erlesenem Geschmack ausgestattet und fanden höchste Anerkennung und Bewunderung sogar in der Berliner Presse. Das Wohnzimmer besaß Tapeten von blauer Seide und ein hohes umlaufendes Gesims zur Präsentation von allerlei Nippes, Vasen, Statuetten, kleinen Bildhauerarbeiten. Im Turm hatte man ein Gartenzimmer eingerichtet, jedes der tiefliegenden Fenster war in eine Gartenlaube verwandelt worden, und mitten im Raum erhob sich aus einem Springbrunnen eine beachtliche Fontäne. Das Winterzimmer war mit einem Kamin ausgestattet, das Versammlungszimmer in Dunkelkarmesin gehalten, das Speisezimmer in Silbergrau, die Türen bestanden aus Mahagoni und waren mit herrlichen Schnitzarbeiten verziert.

Nun begab sich die Hofgesellschaft zum feierlichen Gottesdienst in die Schlosskirche und ließ sich vom Schlosshauptmann platzieren. Für die Damen war Morgentoilette, für die Herren Gala vorgeschrieben. Bei den Umbauarbeiten in der Schlosskirche war übrigens der alte Renaissancealtar entfernt und den großherzoglichen Kunstsammlungen übergeben worden.

Am Nachmittag fand die große Gratulations-Cour anlässlich des Geburtstages der Großherzogin statt. Auch dafür war eine genaue Ablaufordnung vorgeschrieben, die Damen mussten in großer festlicher Garderobe und die Herren in feierlicher Gala erscheinen. Insgesamt erwiesen 470 Personen der Großherzogin ihre Reverenz, bevor sie sich zum anschließenden Gala-Diner einfanden, einem der Höhepunkte der Schlosseinweihung.

Im Goldenen Saal, dem prächtigsten und schönsten Raum des neuen Schlosses, fanden 126 Damen und Herren von Stand ihren Platz an der großherzoglichen Tafel. Den beherrschenden optischen Eindruck bildeten das Weiß und die Vergoldungen des Marmors; er verstärkte sich noch durch die großen Spiegel an den Wänden, die den Raum vervielfachten und größer erscheinen ließen. Den Charakter als Festsaal unterstrichen Fresken mit Darstellungen aus dem Alten Testament mit festlichen Inhalten, so das Fest des Ahasverus oder die Hochzeit des Tobias.

Achtzig Personen tafelten im Thronsaal, der zu diesem Zeitpunkt noch nicht ganz fertiggestellt war und dessen noch rohe Wände mit Draperien verkleidet werden mussten. Nebenan in der Ahnengalerie waren Tische für weitere 104 Gäste aufgestellt. Das Billard-Zimmer, das zur Wohnung des Großherzogs gehörte, nahm 40 Personen auf. Die übrigen Gäste, vor allem die Militärangehörigen, wurden auf lehnenlosen Holzbänken im Waffensaal untergebracht.

Neben erlesener Tafelmusik waren weitere Lustbarkeiten vorgesehen, Männergesang von illuminierten Schiffchen auf dem Burgsee, ein Feuerwerk, eine bengalische Beleuchtung des Schlossgartens. Leider verhinderte ein heftiges Gewitter die gelungene Ausführung dieser Pläne.

Nicht nur im Schloss feierte man den Einzug, sondern auch in der ganzen Stadt. Von weither waren Gäste gekommen, die sich mit dem Schloss und dem Schlossherrn verbunden fühlten oder sich auch nur einen vergnügten Tag machen wollten. Die mecklenburgische Eisenbahn hatte Sonderzüge mit Fahrpreisermäßigungen von und nach Güstrow, Rostock, Wismar und Hamburg eingesetzt, von denen reger Gebrauch gemacht wurde.

Die Festlichkeiten beschränkten sich nicht nur auf einen Tag.

Nachdem am 27. Mai um 11 Uhr eine große Militärparade auf dem Exerzierplatz am Haselholz stattgefunden hatte, war am Nachmittag wiederum eine vornehme Gesellschaft an die großherzogliche Tafel geladen, die Damen in den sogenannten runden Kleidern, die Herren in Gala, und danach folgte ein weiterer Höhepunkt zur Schlosseinweihung: Die Festoper im Hoftheater. Seit zwei Jahren war der Komponist Friedrich von Flotow (1812–1883) Intendant des Hoftheaters, das sich besonders durch die sehr frühe Übernahme von Wagneropern auszeichnete. Anlässlich der Schlosseinweihung hatte Friedrich von Flotow nach einem Text des Schweriners Eduard Hobein (1817–1882) die Oper »Johann Albrecht« geschrieben, die zwar nicht zu seinen bedeutendsten Werken gehört, dem großen Ereignis aber einen zusätzlichen festlichen Rahmen verlieh. Der Stoff war der fürstlichen Familiengeschichte entnommen, und zum ersten Mal erschien darin auch der Schweriner Schlossgeist, das Petermännchen, auf der Bühne. Alle Herren, die zum Tragen einer Uniform berechtigt waren, mussten diese auch anlegen, und so sah man nur wenige schwarze Fräcke. Das farbige Bild wurde vor allem beherrscht von den roten, mit schwarzen Kragen versehenen Röcken der mecklenburgischen Ritterschaft, den blauen, mit dekorativer Stickerei besetzten Zivil-Uniformen, den vielen Militär-Uniformen preußi-

*Großherzog Friedrich Franz II. von Mecklenburg-Schwerin.
Gemälde von Franz Krüger im Thronsaal*

*Großherzogin Auguste von Mecklenburg-Schwerin.
Gemälde von Friedrich Kaulbach im Thronsaal*

scher, österreichischer, niederländischer oder russischer Herkunft. Vereinzelt tauchten sogar noch Uniformen aus der Zeit der Befreiungskriege auf. Im Konzertsaal wurde in den Pausen Konversation gehalten, wozu Tee und Erfrischungen gereicht wurden.

Nach der Vorstellung schritt der Großherzog zum Souper im großen Familienkreis, während sich vom Schelfmarkt aus ein Fackelzug mit dem Sängerchor der Liedertafel in Bewegung setzte und die am Vortag größtenteils missglückte Illumination des Schlossgartens nachgeholt wurde.

Ein großer Hofball bildete am 28. Mai den Abschluss der Festlichkeiten. In dem von zahlreichen Wachskerzen erleuchteten Goldenen Saal wurde der Ball mit dem Walzer des Großherzogs begonnen, gefolgt von Galopp, Française und Polka-Mazurka. Auf der Galerie war auch Publikum zugelassen.

Zur Vollendung des Schlossbaus, der sich durch fast 15 Jahre hingezogen hatte, ließ Großherzog Friedrich Franz II. eine Erinnerungsmedaille schlagen und an die Hauptbeteiligten verleihen, auch an Demmler, sogar in Gold.

Was mag Demmler empfunden haben, als er diese Medaille entgegennahm? Nach seiner Entlassung war er mehrere Jahre von Schwerin abwesend gewesen. Mit einer weiten Studienreise, die er aus einer größeren Erbschaft finanzierte, versuchte er sich wohl auch selbst für die erlittenen Enttäuschungen zu entschädigen. Erst zu Beginn des Jahres 1857 war er nach Schwerin zurückgekehrt. Wie mag er seinen Nachfolgern und Gegnern beim Schlossbau entgegengetreten sein?

Bei den Einweihungsfeierlichkeiten nahm man, abgesehen von der Medaille, kaum Notiz von ihm. König Friedrich Wilhelm IV. verlieh den preußischen Roten Adlerorden an mehrere beim Bau Beteiligte, aber nicht an Demmler. Die Zeiten, in denen Demmlers Selbstbewusstsein und sein Durchsetzungsvermögen an der Person des Großherzogs Halt und Förderung fanden, waren vorüber. Jetzt erhielt Stüler den Roten Adlerorden, Demmler nicht. Und der Großherzog schwieg.

Von 1863 bis 1866 wurde auf Befehl des Großherzogs von August Stüler und Eduard Prosch die erste Monografie über das Schweriner Schloss erarbeitet und schließlich als Prachtwerk gedruckt. In der Sorgfalt und Genauigkeit der Detailbeschreibung sucht diese Publikation ihresgleichen. In dem sehr aufwändigen Werk, dessen erste Prachtauflage nur in hundert Exemplaren erschien, kommt der angestrebte und verwirklichte Denkmalcharakter des Schweriner Schlosses auch literarisch-kunstwissenschaftlich zum Ausdruck. Der künstlerische Stil wird nicht als Möglichkeit und Ausdruck der jeweiligen Zeit aufgefasst, sondern als die den augenblicklichen Forderungen am besten angemessene Form aus der reichen Schatzkammer der Kunstgeschichte. Diese Schatzkammer steht dem Künstler auf Grund seiner Bildung und seines Wissens uneingeschränkt offen, er braucht nur auszuwählen. Und Bauherr und Architekten hatten sich nun einmal auf den Renaissancestil geeinigt.

Zu den Förderern dieses prächtigen Buches zählten nicht nur die Mitglieder des mecklenburgischen, sondern selbstverständlich auch die des preußischen und des gleichfalls verwandten hessischen Fürstenhauses. Darüber hinaus finden sich in der Subskribentenliste viele Baufachleute des In- und Auslandes, darunter der bekannte Architekt Miklós Ybl (1814–1891), der die ungarische Staatsoper baute.

Mit Recht wird im Vorwort darauf hingewiesen, dass die künstlerische Ausführung des Schweriner Baus den Vergleich mit anderen Schlossbauten des 19. Jahrhunderts nicht zu scheuen braucht. Von besonderem Wert sind die ausführlichen Baubeschreibungen nicht nur des Äußeren, sondern auch der Innenräume, sowie die zahlreichen Zeichnungen und farbigen Lithografien. Sie liefern das beste und genaueste Bild vom Zustand des Schweriner Schlosses in den 60er Jahren des 19. Jahrhunderts. Reizvoll sind die kleinen detailgetreuen Darstellungen einiger Innenräume mit ihrer reichen Ausstattung, eine wertvolle Dokumentation feudaler Wohnkultur kurz vor ihrem endgültigen Untergang.

Der Goldene Saal des Schlosses, 1913 ausgebrannt. Aus der „Festschrift" (Auschnitt)

Der Schlossbrand und was danach kam

Unheil im letzten Friedensjahr

Die Art und Weise, in der das Schweriner Schloss aufgenommen und verinnerlicht wurde, folgt dem Gesetz, nach dem dieses Bauwerk angetreten war: ein in historisierenden Formen errichtetes, mit zeitgenössischem modernen technischen Standard ausgestattetes Wohnschloss als repräsentatives Denkmal einer wichtigen, nämlich der höfisch-feudalen Struktur mecklenburgischer Identität. Die technisch-industrielle Komponente spielte dabei eine bemerkenswerte Rolle. Im Thronsaal wurde schon zur Erbauungszeit eine moderne Heizungsanlage installiert, die inzwischen zum Rang eines technischen Denkmals aufgestiegen ist. Auf die industriell gefertigten Teile der leider nicht mehr vorhandenen schwarzen Marmortreppe wurde schon hingewiesen. Am Ende des 19. Jahrhunderts war das Schloss bereits mit elektrischem, in einem eigenen Kraftwerk erzeugten Licht ausgestattet. Schon vor dem ersten Weltkrieg bediente sich der Großherzog eines »Kinematographenapparates«.

Bis zum Neubau des Schlosses war Schwerin durch die Jahrhunderte eigentlich eine turmlose Stadt, die vorhandenen Turmbauten konnten bestenfalls als Zierelemente gelten. Der Turm des Domes überragte kaum das Mittelschiff. Nachdem die neu erbauten Schlosstürme einen neuen unübersehbaren Akzent für die Stadt gesetzt hatten, verlangte man auch für den Dom nach einem hohen Turm, der schließlich 1890 nach einem Entwurf von Georg Daniel errichtet wurde, nachdem schon die neugotische Paulskirche mit einem stattlichen Turm versehen worden war.

Auf die Einheit von historischer Kontinuität und Tradition, malerisch repräsentativer Wirkung innerhalb einer von der Natur mit verschwenderischer Schönheit ausgestatteten Stadtlandschaft und modernem technischen Standard war man stolz, und das Schloss wurde und blieb wie selbstverständlich das Identifikationsobjekt für Schwerin und weit darüber hinaus, durchaus zu vergleichen mit dem Identifikationspotenzial des Kölner Domes, der Wartburg oder des Brandenburger Tores.

So nimmt es nicht wunder, dass der große Schlossbrand des Jahres 1913 den Schwerinern wie der Weltuntergang erschien und symbolische Bedeutung annahm.

Am Nachmittag des 15. Dezember 1913 war der Großherzog von einer kleinen Reise zurückgekehrt, mit dem Kraftwagen, nicht mehr mit der Kutsche. Während die großherzogliche Familie in ihrem nach dem Burggarten hin gelegenen Wohnbereich abendlichen Beschäftigungen nachging, breitete sich in den nach dem Burgsee hin gelegenen sogenannten Elisabethzimmern ein Schwelbrand aus.

Da am nächsten Tag im Schloss eine Festlichkeit stattfinden sollte, waren diese Zimmer bereits zur Aufnahme von Gästen vorbereitet worden. Und dabei dürfte leicht brennbares Material zu dicht an die Heizkörper gelangt sein und sich entzündet haben. Da dieser Flügel unbewohnt und meist verlassen war, wurde das Feuer viel zu spät bemerkt. Das Schloss war eben vor allem ein Denkmal: es wurde viel bewundert, stand aber als attraktive Wohnung für die vielköpfige großherzogliche Familie nicht gerade hoch im Kurs.

Über den Elisabethzimmern befand sich der sogenannte unfertige Saal, einst zu Repräsentationszwecken bestimmt, wurde er dann jedoch nicht gebraucht und diente als Abstellraum für ausgesonderte Möbel, vor allem für Stühle, und dabei waren viele Polstersitze. Als man endlich das Feuer entdeckte, stand der unfertige Saal bereits in Flammen, die sich in Windeseile die Textiltapeten, Gardinen und Vorhänge auch in den angrenzenden Räumen ergriffen.

Von unheilvoller Wirkung war der stürmische Nordwestwind, der die Flammen in die südlichen Teile des Schlosses trieb. Von beiden Seiten aus, von der Straße und vom inneren Schlosshof, versuchte man, das Feuer zu bekämpfen, konnte aber wegen der beträchtlichen Höhe des Brandherdes in den oberen Stockwerken nur wenig ausrichten, und bald jagte die Glut über die Dächer. Der starke Luftzug, der in den Gängen und Hallen entstand, trieb die Flammen bald in den großen Südturm und über die schwarze Marmortreppe. Und somit gelangte das Feuer auch in den Goldenen Saal und vernichtete die erlesene reiche Ausstattung. Dazu kam, dass die hohe steinerne Giebelfront über dem Südportal herabstürzte und die Decke des Goldenen Saales durchschlug.

*Vorsaal der Königswohnung.
Aus der „Festschrift" (Ausschnitt)*

Gegen ein Uhr nachts explodierte die im Südturm aufbewahrte Jagdmunition und erzeugte zehn Minuten lang eine Wirkung wie knatterndes Gewehrfeuer von Schützenlinien. Danach sah man aus allen Fenstern des hohen Turmes die Flammen herausschlagen. Auch der spitz auslaufende Dachstuhl des Turmes wurde von den Flammen ergriffen und wirkte mit seiner flackernden Glut wie ein riesiges Fanal.

Dann endlich flaute der Sturm ab, und damit war der Höhepunkt des Brandes überschritten. Auch auswärtige Feuerwehren waren nach telegrafischer Anforderung zu Hilfe geeilt, vier Züge aus Hamburg, eine Dampfspritze aus Rostock. Gegen sechs Uhr in der Frühe war der Brand gelöscht.

Der Schaden war sehr groß. Etwa ein Drittel des Schlosses war den Flammen zum Opfer gefallen. Der südwestliche und südliche Teil war fast vollständig vernichtet. Vieles von dem, was man aus den Flammen gerettet hatte, wurde durch das Löschwasser zerstört. Die im Schloss aufbewahrten Kunstschätze hatte man in einer eiligen Rettungsaktion ins Museum, ins Theater und in den Dom gebracht. Von Südwesten aus gesehen wirkte das Schloss wie ein rauchender Trümmerhaufen. Menschenleben waren zum Glück nicht zu beklagen, doch das Lebensgefühl der Schweriner war bis in die tiefsten Wurzeln hinein beeinträchtigt. Das schöne und noch fast neue Schloss!

Die zerstörten Teile wurden zwar wieder aufgebaut, aber das Schloss blieb »beschädigt«. Die allgemeine patriotische Begeisterung bei Ausbruch des ersten Weltkrieges mündete nach und nach in Entsetzen und Untergangsstimmung. Im Zusammenhang mit der Novemberrevolution 1918 dankte der Großherzog ab, und das Schloss verlor seine ursprüngliche Bestimmung für immer. Es wurde und blieb eine schöne, aber teure, weil stets instandhaltungsbedürftige Denkmalkulisse vor einem ebenso schönen Hintergrund. Die neue Nutzung durch Museum und Behörden ergab keine stimmige neue Funktion, und irgendwie schien die alte Hofgesellschaft doch immer noch in den repräsentativen Räumen und den verwinkelten Gängen und Treppenhäusern anwesend zu sein, gleich, ob die Fahne mit Hakenkreuz, mit Hammer und Sichel oder Zirkel über den Dächern wehte.

Bildersturm und neue Annäherung

Freilich begegnete man dieser Erfahrung seit dem Jahre 1945 durch einen Bildersturm kulturrevolutionären Ausmaßes, der durch die im Stile Heines geschriebenen Verse von Ludwig Reinhard bereits vorprogrammiert schien.

> Mit diesen Trümmern vertilget man auch
> Des Mittelalters Reste,
> Und bauet auf den Schwingen der Zeit
> Und dem Herzen des Volks eine Veste!

Mit dem Kriegsende im Jahre 1945 und danach gingen unschätzbare Kunstwerke verloren, wurden mutwillig zerstört, gestohlen, verschoben. Die neue Ideologie lieferte dazu praktikable Begründungen und Motivationen: die klassenkämpferische Ablehnung des alten Feudalsystems und des Bürgertums wurde auf die Zeugnisse dieser gesellschaftlichen Epoche übertragen, und da die höfische Kunst in den ersten Jahren des sozialistischen Aufbaus für dekadent und wertlos erklärt wurde, war sie dem Untergang schutzlos preisgegeben. Erst Jahrzehnte später setzte eine zaghafte Rückbesinnung auf die Werte auch dieses Erbes ein. Doch zunächst befahl man eine totale Verdrängung, die dann auch zu einem großen Defizit führte.

Das Schweriner Schloss wurde nach dem Krieg zum Sitz des Landesparlamentes und als »späte Kraftäußerung des damals bereits absterbenden Feudalismus« hingestellt.

Das Schloss selbst konnte man nicht verdrängen, es füllte nach wie vor die Insel im Schweriner See aus, musste aber neuen ökonomischen Zwängen gehorchen und die Funktion einer pädagogischen Fachschule zur Ausbildung von Kindergärtnerinnen und Unterstufenlehrerinnen erfüllen. Aus den Palastfenstern flatterte Wäsche zum Trocknen, die prächtigen Intarsienfußböden wurden stellenweise bis zur Unkenntlichkeit entstellt, und unter den wappengeschmückten Stuckdecken wurde gelehrt, dass alle Geschichte die Geschichte von Klassenkämpfen sei.

Dennoch begann man seit 1974 damit, nach Jahrzehnten ideologischen Verschlusses, einige Räume des Schlosses der Öffentlichkeit wieder zugänglich zu machen. Nach 1970 war es zu einer Neubewertung des historistischen Baustils gekommen, dem man bislang einen besonderen künstleri-

Blumenzimmer. Aus der „Festschrift"

Wandgemälde aus der Sylvestergalerie von C. G. Ch. Schuhmacher

schen Wert abgesprochen hatte. In nur acht Monaten wurde der noch relativ gut erhaltene Thronsaal restauriert, anschließend die davor gelegene Galerie mit den gemalten Darstellungen der großherzoglichen Schlösser und Häuser. Mit großer Sensibilität und hoher Lernbereitschaft nahmen sich Denkmalpfleger und Restauratoren der Wiederherstellung dieser bislang ideologisch herabgesetzten, eher belächelten als bewunderten Zeugnisse aus der Stilepoche des Historismus an und trugen dazu bei, das künstlerische Erbe der Vergangenheit zunehmend neu zu repräsentieren. Nach und nach wurden alle Prunkräume der Festetage der zweckentfremdenden und sinnentstellenden Nutzung entzogen, trotz der wirtschaftlichen Schwierigkeiten restauriert und den kräftig andrängenden Besucher- und Touristenströmen geöffnet.

Endlich wurden Räume des Schlosses wieder museal genutzt, und damit erwachte auch ziemlich schnell neues Interesse an dieser verdrängten Epoche der Vergangenheit. Bald konnte das Schlossmuseum durch das Hauptgeschoss mit der Sylvestergalerie, dem Speisezimmer und der Roten Audienz durch das Tee- und das Winterzimmer erweitert und mit historischen Möbeln und Bildern ausgestattet werden.

Das Jahr 1979 leitete eine weitere Etappe der Schlossrestaurierung ein: die Gebäude und der umgebende Burggarten fanden Eingang in die zentrale Denkmalliste der DDR und stiegen somit im gesellschaftlichen Rang. Es kam bis 1984 auch zu einer denkmalpflegerischen Aufgabenstellung mit dem Ziel der Wiederherstellung des Schlossensembles, wie es 1857 bestanden hatte, nachdem der Neu- und Umbau des Schlosses abgeschlossen war.

Im Jahre 1981 verließ die Pädagogische Schule das Schloss. Im Erdgeschoss wurde 1984 die Galerie mit der ständigen Ausstellung »Malerei in Mecklenburg« eröffnet. Jahrelang waren Stuckateure, Holzbildhauer und Restauratoren am Werk, um die historischen Räume denkmalgerecht wiederherzustellen.

Die im Herbst 1989 eingeleitete politische Wende, bei der das Schloss eine beeindruckende Kulisse zu den Großdemonstrationen auf dem Alten Garten bildete, eröffnete auch dem geschichtsträchtigen Bauwerk neue Perspektiven. Als über seinem Stadteingang wieder die blau-gelb-rote mecklenburgische Fahne wehte, kehrten viele alte exilierte Mecklenburger – oft nach Jahrzehnten – als Besucher und Touristen nach Schwerin zurück und empfanden das Schloss dankbar als ungebrochenes Identifikations- und Integrationssymbol.

Allmählich pegelten sich die Extreme von belächelnder oder militanter Herabsetzung und provinzieller Übersteigerung wieder auf ein gutes Mittelmaß ein und das Schloss kann im Prozess des deutschen Zusammenwachsens seine ihm eigene Symbol- und Assoziationswirkung ausüben.

Mit dem Beitritt der Deutschen Demokratischen Republik zur Bundesrepublik Deutschland am 3. Oktober 1990 erfolgte auch die Wieder- bzw. Neuerrichtung des Landes Mecklenburg-Vorpommern mit der Landeshauptstadt Schwerin. Das Schloss wurde gemäß Artikel 20 Abs. 3 der Verfassung des Landes Mecklenburg-Vorpommern wie in den Jahren 1950/52 erneut zum Sitz des Landtages. Es stand damit von neuen repräsentativen Anforderungen mit weitreichenden konzeptionellen Konsequenzen, unter Beibehaltung und schrittweisem Ausbau der musealen Einrichtungen.

Anlässlich seines ersten Besuches 1990 stellte der damalige Bundespräsident Richard von Weizsäcker bewundernd fest, dass kein anderer deutscher Landtag über einen so schönen Sitz verfüge, wie ihn das Schweriner Schloss biete.

Das Schloss beherbergt nicht nur den Plenarsaal, sondern auch die Büros der Abgeordneten, die Arbeitsräume der Fachausschüsse und der Fraktionen sowie einen Teil der Landtagsverwaltung und gleicht bisweilen einem Bienenstock. Dem Landtagspräsidenten untersteht die Landtagsverwaltung, die auch für die Verwaltung des Schlossgebäudes zuständig ist. Etwa die Hälfte der Gesamtfläche des Schlosses, nämlich 11 500 m^2, wird vom Landtag genutzt.

Schlossgeist Petermännchen. Detail aus einer Schranktür

Intarsienfußboden im Thronsaal. Detail

Lebendiges Denkmal

Trotz seiner massiven, festgefügt scheinenden monumentalen Wirkung ist das Schloss ein Bauwerk in ständiger Veränderung, nicht nur hinsichtlich der Funktion, sondern auch der intensiver Pflege, Wartung und Restaurierung bedürftigen Bausubstanz. Das Schloss war und ist immer eine kleinere oder größere Baustelle, und die Kosten seiner Erhaltung und der Anpassung an die gewachsenen Bedürfnisse haben den ursprünglichen Baupreis längst übertroffen. Die nachgroßherzogliche Zeit mit ihren komplizierten, meist sehr kurzlebigen, von ständigem Geldmangel bestimmten Nutzungskonzepten umfasst schon mehr Jahrzehnte als die feudale Blütezeit mit ihrer so stimmigen Zweckbestimmung seit dem Abschluss des Neubaus 1857. Der Weg zu einer wirklich adäquaten musealen Nutzung – nicht nur zur Unterbringung und Ausstellung von Kunstwerken – war lang, verspricht aber mit der neusten Konzeption seit 1990/91 ein lohnendes Ziel: die organische und einander ergänzende Verbindung von Museum, kirchlicher Nutzung und Landtag.

Bereits 1989 wurde ein Verein zur Erhaltung und Förderung des Schweriner Schlosses und seiner Umgebung gegründet, der sich um Öffentlichkeitsarbeit bemüht und dem auch der Ankauf von Ausstattungsstücken sowie die Wiederherstellung der südlichen Drehbrücke zu verdanken sind.

Das Schloss ist nicht nur ein Bauwerk, sondern ein kleiner urbaner Kosmos, der an manchen Stellen schwer überschaubar ist. Es erhebt sich über Tiefkellern und Hochkellern, trägt über dem Erdgeschoss zum Teil sechs durch Treppen, Treppchen, enge und weite Gänge verbundene Obergeschosse, und in manchen Bereichen gibt es ein Zwischengeschoss. Dazu kommen noch Turmgeschosse. Ein Abenteuer besonderer Art wäre ein Spaziergang über die Terrassen auf den Bastionen oder über die Dächer mit den ständig wechselnden Durchblicken und Ausblicken, mit den zahlreichen Türmchen, Turmlaternen, Gaupen, Balustraden, Giebeln, Giebelchen und den reich verzierten, bisweilen mit tempelartigen Aufbauten bekrönten Schornsteinen. Für Uneingeweihte bedarf es schon eines kundigen Führers, sich im Gesamtlabyrinth zurechtzufinden.

Der Zugang zum Schloss führt entweder über die repräsentative reich verzierte Stadtbrücke von der Schlossstraße her in den Vorhof (Ehrenhof) und Landtagsbereich oder über die schlichte gartenseitige Brücke durch das Südportal ins Schlossmuseum. Die Betrachtung der stadtseitigen Fassade ist ein lohnendes Erlebnis, sei es von der Brücke aus mit dem Ergebnis eines Gesamteindruckes, sei es vom Vorhof aus zum Studium der formenreichen Details und des Figurenschmuckes von ehemaligen Schlossherren unter dem Reiterstandbild Niklots. Die Figuren stammen vom Schlossbildhauer Gustav Adolf Willgohs, der auch den Figurenschmuck des Thronsaals und der Schlosskirche schuf und später an der Ausstattung des Neubaus der Hohenzollernburg Hechingen beteiligt war. Sein letztes größeres Werk in Schwerin ist die »Megalopolis«, eine allegorische Verkörperung Mecklenburgs auf der Siegessäule des Alten Gartens, die 1874 aus erbeuteten französischen Geschützen errichtet wurde und für die seine Tochter Anna Modell stand.

Alle diese Denkmale dienen dem Ziel mecklenburgischer Identität und sind auf eine Denkmalwirkung im Sinne des Fürstenhauses berechnet.

Schöpfer des Reiterstandbildes von Niklot ist der Berliner Bildhauer Christian Friedrich Genschow. Niklot wird hier mit erhobenem Speer als Sieger dargestellt, obgleich er doch eigentlich von Heinrich dem Löwen besiegt wurde, wie es Theodor Schloepke auf seinem Monumentalgemälde »Niklots Tod« (1857, jetzt in der Festetage auf dem Zugang zum Thronsaal) darstellte. So wollte man ihn im vergangenheitsbetonten 19. Jahrhundert sehen: als Stammvater des regierenden Fürstenhauses, als mächtigen Obotritenherrscher, in künstlerischer Hinsicht auch als späten Nachfahren von Reiterstandbildern römischer Kaiser oder des Großen Kurfürsten von Andreas Schlüter. In ähnlicher Pose ließ sich 1893 Großherzog Friedrich Franz II. als Mit-Sieger im Deutsch Französischen Krieg von Ludwig Brunow (1843–1913) im Schlossgarten darstellen.

Das Schloss soll nach dem Anspruch seiner Erbauer nicht nur repräsentative Wohnstätte, sondern auch Ort einer spezifischen Wertevermittlung sein. Zu diesen Werten zählen die Tugenden wie Gerechtigkeit und Fleiß, das Gesetz als Bewahrer der Ordnung, das Christentum, die territoriale Identität, die Schönheit. Man bediente sich zu ihrer Vermittlung einer zum Teil recht komplizierten Symbolik und Allegorik. Vielen heutigen Betrachtern fehlen die Assoziationsfelder, denn die Dinge bedeuten oftmals sehr viel mehr, als

Plenarsaal des Landtages von Mecklenburg-Vorpommern

sie darstellen, und man muss sich der Mühe der Übersetzung unterziehen, wenn man in die Tiefe der Aussage dringen will.

Die Büros der Fraktionen und Abgeordneten und die Landtagsverwaltung sind vor allem in den beiden stadtseitigen Schlossflügeln beiderseits des Hauptportals sowie im Burggarten-, Burgsee- und Schlossgartenflügel untergebracht. Die Räume oberhalb des 4. Obergeschosses stehen im gesamten Schloss nur dem Landtag zur Verfügung. Der Plenarsaal und weitere Räume für Sitzungen, Zusammenkünfte und öffentliche Veranstaltungen liegen im

Beratungsraum des Landtages („Achteckzimmer")

Schlossgartenflügel. Für die neue Nutzung mussten zeitgemäße Arbeitsbedingungen, wie Sanitäreinrichtungen, EDV-Verkabelungen, Heizungsstränge und Brandschutztüren geschaffen werden. Das Schlossmuseum mit der Bel- und der Festetage befindet sich in den seeseitigen Gebäudeteilen vom »Haus über der Schlosskirche« bis zum »Haus über der Schlossküche«. Im 2. und 3. Obergeschoss sind die großherzoglichen Wohn- und Arbeitsräume – freilich nicht in ihrer ursprünglichen Ausstattung – zu besichtigen. Der Zugang erfolgt über die »Rote Marmortreppe«, eine Wendeltreppe mit bemerkenswert niedrigen Stufen, die von 1926 bis 1936 im ausgebrannten Treppenhaus errichtet wurde.

Im 2. Geschoss, der Beletage, gelangt man durch die sogenannte Sylvestergalerie mit einem aus dem Schloss Dargun stammenden Sandsteinkamin (1616) zunächst in das ehemalige Speisezimmer mit seiner vergoldeten, aus Ahornfurnier bestehenden dunklen Vertäfelung und dann in die sogenannte Rote Audienz mit einer Seidendamasttapete, die 1982 erneuert wurde. Durch das Tee- und das Winterzimmer gelangt man in das intim-prächtige runde Blumenzimmer, das sich im Hauptturm des Schlosses befindet. Es wird durch blumengeschmückte Karyatiden auf schlanken Pilastern gegliedert und diente als repräsentative Verbindung der Wohn- und Audienzräume der Beletage mit den Terrassen.

In der Festetage des Schlosses sind neben den ehemaligen Wohnzimmern des Großherzogs die Prunkräume des Fürstenhauses angeordnet. Durch die Bibliothek gelangt man ins kleine Adjutantenzimmer, danach ins Billard- und Rauchzimmer.

Der prächtigste Raum des Schlosses ist der durch zwei Geschosse reichende Thronsaal mit seiner differenzierten Wandgestaltung und Flächenaufteilung durch Gesimse, Pilaster, Säulen und Blenden. Für die 16 wandgliedernden Säulen verwendete man Marmor aus Carrara. Die obere Wandzone enthält in 40 reich vergoldeten Rundbogenblenden die Wappen aller Städte des Großherzogtums Mecklenburg-Schwerin, von unterschiedlich gestalteten Putten präsentiert. Die Deckenfelder sind mit gemalten Allegorien der Liebe, Treue, Großmut und Frömmigkeit geschmückt und rechtfertigen eine ausgiebige, wenn auch anstrengende Betrachtung. Der Kronleuchter kann mittels einer über dem Thronsaal befindlichen kunstvollen mechanischen Vorrichtung hochgezogen und abgesenkt werden. An der Stirnwand befinden sich die ganzfigurigen Porträts von Großherzog Friedrich Franz II. und seiner Gemahlin Auguste.

Den Hintergrund des Thronsessels bildet ein kostbarer Gobelin mit dem mecklenburgischen Wappen aus dem letzten Drittel des 17. Jahrhunderts. Der qualitätvolle Intarsienfußboden zeigt in der Mitte des Thronsaales die Initialen der Regenten. Bemerkenswert sind auch die Türen, die in einer außerordentlich reichen und komplizierten Flächenaufteilung allegorische Figuren zeigen.

Neben dem Thronsaal befindet sich die fürstliche Ahnengalerie mit den wirkungsvoll angeordneten Porträts der Grafen von Schwerin sowie der Herzöge und Großherzöge von Mecklenburg-Schwerin. Die Ausstattung auch dieser Räume mit ihren Täfelungen und Intarsien ist kostbar und gediegen und vermittelt durch die Tönung des Holzes eine warme Atmosphäre. Einige der Fürstenporträts aus dem alten Bestand gehen über den Standard der dynastischen Selbstdarstellung hinaus und fügen sich in größere kunsthistorische Zusammenhänge ein.

Einige besonders wertvolle historische Räume mussten ganz neu erschlossen werden, so die mit Ledertapeten aus dem 18. Jahrhundert ausgestattete ehemalige Wohnung des Großherzogs, das »maurische« Bad, das Schlaf- und Erkerzimmer der Großherzogin, das Blücher-, Leander- und Sagenzimmer und schließlich die Hofdornitz.

In den ehemaligen großherzoglichen Kinderzimmern zeigt das Staatliche Museum Schwerin Teile der außerordentlich wertvollen Porzellansammlung des Hauses. Viele Exponate stammen aus Meißen, der ältesten deutschen Porzellanmanufaktur.

Die reichen kunsthandwerklichen Sammlungen des Staatlichen Museums enthalten vielfältige Kostbarkeiten aus Elfenbein, Bernstein, Gold und Silber, Perlmutter, Muschelmasse, Wachs, Eisen und anderen Metallen sowie Fächer und Textilien.

Ein wesentliches Erlebniselement sind die Blicke aus den Fenstern, die nicht nur den Besuchern des Schlossmuseums den Aufenthalt verschönern, sondern auch den Landtagsabgeordneten und den Mitarbeitern der Fraktionen und der Verwaltung zu entspannenden Aussichten verhelfen können, sei es im stadtseitigem Bereich, sei es im Ausblick auf die Seen-, Garten- und Parklandschaft.

Der Schlosshof ist rings von einem Arkadengang umgeben und ermöglicht einen interessanten Eindruck der Innenfronten. Man sieht, wie unvermittelt die einzelnen Bauteile aus den verschiedenen Bauperioden nebeneinandergesetzt sind. Die nach dem altslawischen Stamm des mecklenburgischen Herrscherhauses sogenannte Obotritentreppe baute man als Treppenhaus, das in der zeitgenössischen Architektur meist zu einem gliedernden Schmuckelement ausgeprägt wurde, hofseitig vor das Große Neue Haus und verzierte es mit einem besonders reichen Terrakottenschmuck. Rechts davon erhebt sich

Im Empfangszimmer der früheren Königswohnung tagt heute der Ältestenrat des Landtages.

der Uhrturm mit der kleinen Wendeltreppe. Der Schlosshof ist eine ideale Bühnenkulisse und als solche schon vielfach genutzt worden. In absehbarer Zukunft soll auch der Schlosshof in einem ansehnlichen baulichen Zustand wieder der Öffentlichkeit zugänglich gemacht werden.

Der Zugang zur Schlosskirche führt durch das in den Formen der venezianischen Frührenaissance meisterhaft gestaltete sandsteinerne Renaissanceportal des Dresdner Bildhauers Hans Walther und ermöglicht eine tiefgehende Einfühlung in die Atmosphäre der Reformationszeit. Der Eindruck des Innenraums vermittelt sogleich den durch den Umbau bedingten stilistischen Bruch, die Aufteilung in den Versammlungs- und den Altarraum mit seiner mystischen Lichtwirkung. Wertvollstes Ausstattungsstück ist die runde, jetzt deckellose Sandsteinkanzel mit drei virtuos perspektivischen Szenen aus dem Neuen Testament von malerischer Wirkung: der zwölfjährige Jesus im Tempel, Jesus und die Ehebrecherin sowie die Tempelreinigung. Weitere Ausstattungsstücke von hohem Rang sind die Alabasterreliefs beiderseits der Kanzel sowie in den Fensterleibungen der nördlichen Empore.

Ein in seiner Zeichenhaftigkeit und seinem Erinnerungswert besonders wertvolles Ausstattungsstück aus der neuesten Zeit ist das aus Eschenholz gefertigte Kreuz von Laurentius Englisch, eines Schülers von Joseph Beuys. Es wurde 1997 aufgestellt und enthält Gedenkstücke aus der Zeit des Holocaust, die dem damaligen Landtagspräsidenten Rainer Prachtl bei seinem Besuch im früheren Vernichtungslager Auschwitz überreicht wurden: ein rostiger Nagel, ein Essbesteck, sowie Partikel des todbringenden Elektrozaunes und eines Verbrennungsofens.

Die Schlosskirche, zu der eine evangelische Gemeinde mit etwa 800 Mitgliedern gehört, wurde und wird umfangreichen Sanierungs- und Restaurierungsarbeiten unterzogen.

Auch die Gartenimpressionen der Schlossinsel bilden eine wertvolle Bereicherung der Speicher für Augen und Gemüt. Der Burggarten knüpft an die Tradition römischer Villen- und Terrassengärten der italienischen Renaissance an und ist in unterschiedlichen Ebenen über eine Höhendifferenz von 12 Metern hinweg gestaltet. Eine besonders schöne und malerische Partie des Burggartens ist der tief gelegene Bereich um den Muschelbrunnen. Die Verbindungen zwischen den einzelnen Ebenen werden durch Treppen- und Rampenanlagen hergestellt. Eine führende Rolle in der Gestaltung des Burggartens spielte Theodor Klett, der seit 1835 den Posten eines großherzoglichen Hofgärtners bekleidete. Anregungen zu seinen Gartengestaltungen bezog er auch aus den Muskauer Anlagen des Fürsten Pückler.

Die einmalig schöne Dreiflügelanlage der Orangerie, eine der ältesten Gusseisenkonstruktionen Deutschlands, bietet mit dem Halbrund der Kolonnaden auch aus den Fenstern der Gartenflügel einen unvergesslichen Anblick. Die Anlage wurde von 1850 bis 1855 in der Achse des Hauptturmes an der Seeseite errichtet und sorgfältig auf den umgebenden Burggarten abgestimmt. Die Orangerie, deren Räume teilweise von gärtnerischen Anlagen überdeckt sind, war nicht nur als Winterquartier für die Topf- und Kübel-

Blick in das Schlosscafé (ehemaliger Königssaal)

gewächse geplant, sondern sie stellt auch das kunstvoll gestaffelte Verbindungselement zwischen Schloss und Landschaft dar. Man wollte sie auch als Wintergarten nutzen, um in der kalten und dunklen Jahreszeit darin lustwandeln zu können.

Auf Grund baulich-statischer Defizite – die Orangerie hatte sich um fast 50 cm gesenkt, und die Wände waren durch ein kompliziertes Salzgemisch und alte Anstriche stark belastet – verfiel die Anlage in einem solchen Maße, dass eine gründliche Sanierung und Wiederherstellung notwendig wurde. Dieses Vorhaben erfuhr tatkräftige Unterstützung auch durch die Deutsche Stiftung Denkmalschutz. Ein besonders sensibler Bereich war das Glashaus, dessen Restaurierung viel Mühe erforderte. Nach gut sechsjähriger Bauzeit wurde die Orangerie im Juli 2001 wieder der Öffentlichkeit übergeben und gehört seitdem mit dem gleichfalls wieder instandgesetzten Burggarten und seinem reichen plastischen Schmuck zu den besonderen Anziehungspunkten des Schlossbereiches; sie bildet den eigentlichen Mittelpunkt des Burggartens. Unter der Terrasse am Hauptturm des Schlosses befinden sich der Weinlaubsaal im Osten und der Medaillonsaal im Westen. Zu großherzoglichen Zeiten überwinterten in diesen Räumen etwa 800 kälteempfindliche Topf- und Kübelpflanzen. Die Säle dienten auch als Gewächshaus und als Wintergarten. Die Fassaden aus Eisenkunstguss und Glas suchen in Europa ihresgleichen.

Den Besuchern des Schlosses steht seit 1985 das Schlosscafé im sogenannten Königssaal, einem ehemaligen, 1913 ausgebrannten Tanzsaal, zur Verfügung. In den Räumen und Nebenräumen der Orangerie im Burggarten wurde ein erweiterter Gastronomiebereich mit Café und Restaurant eingerichtet. Die Räume der Orangerie werden auch für Ausstellungen und Veranstaltungen zur Verfügung stehen. Der Springbrunnen im Kolonnadenhof wurde nach einer Kopie in Klein Glienicke wieder hergestellt, die Figuren der Siegesgöttinnen, der sogenannten Victorien, nach ihren Vorbildern im Schlosspark von Charlottenburg neu gegossen.

In unmittelbarer Nähe der Orangerie befindet sich eine aus Findlingen aufgeführte Grotte, die eine düster-romantische Stimmung vermittelt. Von der darüber befindlichen Plattform hat man eine herrliche Aussicht auf den Schweriner See, auf die Marstall-Halbinsel und in den Schlossgarten.

Der Burggarten wurde von 1995 bis 2001 für mehr als 15 Millionen Euro aufwändig saniert und behutsam rekonstruiert und weicht nur geringfügig von seinem historischen Vorbild aus dem Jahr 1857 ab.

Das Schweriner Schloss mit seinen rund 635 Räumen von über 23 000 m² Grundfläche in 11 Geschossebenen wird noch weitere Jahre von Baulärm und Gerüsten begleitet sein. Zahlreiche Fassaden, Türme und Dächer konnten bereits nach den Maßstäben der Denkmalpflege saniert und restauriert werden. Am auffälligsten war wohl die neue Vergoldung der Prunkkuppel, die den Anblick der patinagrünen Kuppel seit 1995 ablöste. Das drängendste Problem des Schlossbaus ist das Setzungsverhalten der einzelnen Bauteile, das durch den unstabilen Baugrund und die mangelhafte Gründung während der vergangenen Jahrhunderte verursacht ist. Die an der Seeseite gelegenen Bauteile sinken jährlich bis zu 2 mm und weisen bereits erhebliche Risse auf. Betonrohrpfähle, die bis auf tragfähigen Grund geführt werden, sollen den destruktiven Prozessen Einhalt gebieten und zu allmählicher Stabilisierung führen.

Die Bundesgartenschau des Jahres 2009 führte dazu, dass das Schweriner Schloss nicht nur einen großen Besucheransturm erfuhr, sondern überdies auch in den medialen Mittelpunkt Deutschlands und vielleicht darüber hinaus rückte. Diese Bundesgartenschau konnte mit einigen Erweiterungen, Hinzufügungen und Verbesserungen eine mehrhundertjährige Struktur nutzen, die sich als außerordentlich wirkungsvoll erwies und gewissermaßen ihren Höhepunkt, ihre höchste Blüte und den Triumph ihrer Planer erlebte. Alle Voraussetzungen bündelten sich zu höchstem Erfolg. Und immer bildete das Schloss die Kulisse und den Blickpunkt, der in unzähligen Foto- und Filmaufnahmen festgehalten wurde. Der Weg des Besuchers führt vom neu eingerichteten Garten des 21. Jahrhunderts in die historische repräsentative Anlage des Schlossgartens mit der barocken Symmetrie des Kreuzkanals. Diesem Teil schließt sich der von Peter Joseph Lenné konzipierte sogenannte Greenhouse-Garten im Stile eines englischen Landschaftsparks an. Eigens für die Bundesgartenschau wurde der südliche Teil des Schlossgartens mit seinem einmaligen Baumbestand wieder hergerichtet und für die Allgemeinheit zugänglich gemacht. Hier befindet sich der historische Reitplatz, das Hippodrom, überragt von üppigen Baumkronen, die den Eindruck eines geschlossenen Raumes vermitteln. Nachdem ursprüngliche Sichtachsen wieder hergestellt sind, sind von diesem nach Süden ansteigenden Gelände neue Schlossblicke möglich.

Im Oktober 2007 beauftragte der Landtag die Landesregierung, die Bewerbung des Schlossensembles um Aufnahme in die Welterbeliste der UNESCO in Angriff zu nehmen. Inzwischen wurde im Auftrag der Stadt Schwerin ein Gutachten erstellt, das dem Schloss mit den umliegenden Parkanlagen, dem Alten Garten mit Staatstheater und Staatlichem Museum sowie mit dem Marstall und dem Kollegiengebäude, der heutigen Staatskanzlei, einen Ausnahmecharakter im internationalen Vergleich bescheinigt.

Nach diesem Gutachten sprechen drei gewichtige Gründe für die Aufnahme in die Liste des Weltkulturerbes:

1. Das Schweriner Schloss ist ein Meisterwerk der historistischen Baukunst, an dessen Entwurf mehrere herausragende Architekten beteiligt waren und in dessen Konzeption sich grundsätzliche Fragestellungen der Architekturdiskussion des 19. Jahrhunderts in Europa widerspiegeln.
2. Das Schweriner Schlossensemble zählt zu den herausragenden Beispielen des »romantischen Historismus« und ist auch ein außerordentlich authentisch erhaltenes Beispiel für die Entwicklung des Städtebaus (Verknüpfung von Residenz und Stadt mit einer Park- und Naturlandschaft) im 19. Jahrhundert.
3. Das Schweriner Schlossensemble kann eine außergewöhnlich lange, epochenübergreifende Tradition als historischer, politischer und architektonischer Zentralort (Fürsten- und Parlamentssitz) vom 10. Jahrhundert bis in die Gegenwart vorweisen.

Der immer wieder bemühte Vergleich mit dem Schloss Neuschwanstein (Bauzeit 1868–1892) zeigt vor allem die Unterschiede der Bauabsichten und des gesellschaftlichen Hintergrundes. Neuschwanstein ist der Versuch einer Neuschöpfung eines alten Bauwerkes, Schwerin der Beweis, dass ein altes Bauwerk den Forderungen der Gegenwart immer wieder angepasst werden kann. Neuschwanstein bezieht seinen Bekanntheitsgrad nicht zuletzt aus der Verbindung mit einer tragischen und widersprüchlichen Herrscherpersönlichkeit, das Schweriner Schloss entstand aus Kompromissen und einer Vielzahl von Meinungen. Gleich ist beiden eine gewisse Unzugänglichkeit des Geländes: Neuschwanstein thront auf einem Berggipfel, das Schweriner Schloss befindet sich auf einer Insel und sucht mit der Allgegenwärtigkeit des Wassers seinesgleichen. Auf feuchtem Grund erbaut, ist es von Wasser umgeben und geschützt, auf Wassersicht berechnet.

Das Schweriner Schloss war auf seiner kleinen Insel durch ein Jahrtausend immer ein Ort von Auseinandersetzung und Integration. Hier berührten sich slawische und westliche Interessen und kamen mühsam und nach und nach zu einem Ausgleich. In einem Land, das nicht gerade zu den Brennpunkten der europäischen Geschichte zählt, bemühten sich Planer und Bauherren um Aufwärtsentwicklung und Anpassung an die Standards. Hier fügten sich viele Schichten zur Geschichte.

Einem der alten Schlossbewohner ist das Heimatrecht durch alle Wirren der Zeit unbestritten geblieben: dem Schlossgeist, dem Petermännchen. Als

Behausung dienten ihm nach mehreren Sagen die Kellergewölbe des Schweriner Schlosses, die angeblich durch unterirdische Gänge mit dem Petersberg in Pinnow östlich von Schwerin verbunden sind. Dort soll der Geist als Schmied gearbeitet haben.

Die kleine Statue im Schlosshof wurde um 1845 vom Bildhauer Heinrich Petters (1810–1892) geschaffen. Die Figur geht auf das Rundbild einer im Museum aufbewahrten Schranktür zurück, die einen auf Stelzen stehenden kleinen Mann in der Tracht des 17. Jahrhunderts mit Federhut, breiter Mühlsteinkrause, weiten Pluderhosen und gespornten Reiterstiefeln zeigt.

Viel herumgerätselt wurde an der lateinischen Inschrift: »Quid si sic« (Was, wenn so?) Die Vorlage dieses Bildes ist ein Kupferstich aus dem Jahre 1611 mit dem lateinischen Distichon: »Quid si sic? Forsan cubito sim longior, heuheu. Non ars naturae, corrigit, ingenium«, zu deutsch: »Wie, wenn so? Vielleicht könnte ich dann eine Elle länger sein; ach wehe! Nie kann die Kunst die Weisheit der Natur verbessern.«

Das Bild wurde zum Ausgangspunkt und zum Sammelbecken vieler Sagen, um deren Publikation sich besonders der mecklenburgische Volkskundeforscher Richard Wossidlo (1858–1939) mit seiner Zusammenstellung von 600 Beispielen verdient gemacht hat. Ihr Sinngehalt ist unterschiedlich. Bald erschien das kleinwüchsige Petermännchen mit Laterne, Schwert und Schlüsselbund als gutmütiger, stets zu Neckereien und Schabernack aufgelegter Kobold, bald als prophetischer Verkünder bevorstehender Ereignisse. Bisweilen tröstete es unschuldig Verfolgte und Bedrängte, bald trat der Geist auch als getreuer Diener seines Herrn, des Herzogs und Großherzogs, auf. Den Feldherrn Wallenstein soll es durch allerlei Schabernack aus dem Schweriner Schloss vertrieben haben, so dass dieser das Schloss Güstrow zu seiner Residenz machte. Die Petermännchen-Überlieferung gehört zum weitaus bedeutendsten mecklenburgischen Sagenkreis.

Der Name wird nicht nur auf den Petersberg bei Pinnow bezogen, sondern könnte auch auf den zweibändigen Ritterroman »Das Petermännchen. Geistergeschichten aus dem 13. Jahrhundert« zurückgehen, verfasst von Christian Heinrich Spieß (1755–1799), erschienen 1791/92 in Prag.

Schlossführungen der ersten Hälfte des 20. Jahrhunderts endeten meist mit der Besichtigung der Schlossgewölbe und einer »Beschwörung« des Schlossgeistes« durch die Formel: »Petermönken! Leli subbo!« Darauf öff-

Medaille auf den Neubau des Schweriner Schlosses von H. Wilck aus dem Jahr 1857. Die Vorderseite (links) zeigt das alte Schloss von der Seeseite, die Rückseite das neue von der Stadtseite aus.

nete sich eine Kellertür, und das Petermännchen in der altbekannten Tracht kam mit Schlüsselbund und Laterne heraus. Die Beschwörungsformel »Leli subbo!« könnte eine Entstellung eines Bibbelzitates sein: »Eli, Eli, lema sabachtani?« = »Mein Gott, mein Gott, warum hast Du mich verlassen?« (Mk 15,34; Mt 27,46).

Das Petermännchen also ist geblieben, und Touristen und Schweriner tun gut daran, immer wieder nach dem freundlichen neckischen Kobold zu fragen und zu suchen, der aus dem Schloss kommt und den Weg zum Schloss zeigt, denn was wäre Schwerin ohne sein Schloss?

Zeittafel

973	Erwähnung einer Inselburg in einem Süßwassersee durch Ibrahim ibn Jacub
1018	Erwähnung einer obotritischen Grenzburg durch den Chronisten Thietmar von Merseburg
1160	Heinrich der Löwe besetzt und zerstört die obotritische Grenzburg auf der Insel und gründet die Stadt Schwerin. Die Burginsel wird zum Sitz des deutschen Grafen Gunzelin.
1350	Erwähnung eines Zeughauses (Waffendepot) auf der Schweriner Burginsel
1358	Herzog Albrecht von Mecklenburg erwirbt durch Kauf die Schweriner Grafenwürde und nimmt die Inselburg in Besitz.
1374	Erwähnung eines Turmes auf der Schweriner Burginsel
1535	Vollendung des Schlosses Chambord in Frankreich (Bau seit 1526), das zum Vorbild für das Schweriner Schloss des 19. Jahrhunderts wurde
1552	Statius von Düren beginnt auf dem Ratsziegelhof die Produktion von Terrakotta-Reliefs für den Schweriner Schlossbau.
1553	Neuerrichtung des wohl schon um 1500 entstandenen »Großen Neuen Hauses« (Bauzeit bis 1555)
1557	Der Baumeister Johann Baptista Parr tritt in herzogliche Dienste (bis 1572).
1560	Baubeginn der Schlosskirche (Bauzeit bis 1568)
1577	Erwähnung eines Nutzgartens am Schweriner Schloss
1612	Der Baumeister Gheert Evert Piloot tritt in mecklenburgische Dienste.
1620	König Gustav Adolph von Schweden hält sich im Schweriner Schloss auf.
1629	Das Schloss wird von kaiserlichen Truppen besetzt. Wallenstein hält sich für kurze Zeit darin auf.
1631	Das Schloss wird von schwedischen Truppen besetzt.

1635	Das »Haus über der Schlossküche« wird errichtet (Bauzeit bis 1643).
1651	Verheerender Stadtbrand in Schwerin
1716	Zar Peter I. weilt im Schweriner Schloss.
1752	14 Sandsteinplastiken aus der Werkstatt Balthasar Permosers (entstanden um 1720) werden über Hamburg für den Schlossgarten angekauft.
1756	Beginn der Übersiedlung des Hofes in das Domanialdorf Klenow, aus dem die Residenz Ludwigslust entsteht
1804	Georg Adolph Demmler, der spätere Schlossbaumeister, in Berlin geboren
1813	Schwerin hat 8 165 Einwohner.
1823	Georg Adolph Demmler wird großherzoglich-mecklenburgischer Baukondukteur.
1828	Schwerin hat 12 346 Einwohner.
1834	Einweihung des neuen Kollegiengebäudes (Regierung)
1835	Georg Adolph Demmler wird großherzoglich-mecklenburgischer Landbaumeister. – Gründung des Vereins für mecklenburgische Geschichte und Altertumskunde
1836	Das von Georg Adolph Demmler erbaute Theater wird eingeweiht und erhält den Rang eines Hoftheaters.
1837	Beginn der Regierungszeit von Großherzog Paul Friedrich. Der Hof wird von Ludwigslust nach Schwerin zurückverlegt. Das alte Schloss wird noch einmal gründlich restauriert. Schwerin hat 14 916 Einwohner.
1840	Im April wird eine Schlossbau-Kommission eingesetzt. Demmler entwirft ein Schloss für Großherzog Paul Friedrich.
1842	Grundsteinlegung für das Paul-Friedrich-Schloss am 25. Februar auf dem Alten Garten. Tod des Großherzogs Paul Friedrich und Regierungsantritt von Großherzog Friedrich Franz II. Demmler entwirft ein weiteres Schloss im Stil der englischen Gotik. Schwerin hat 17 336 Einwohner.
1843	Demmler entwirft ein Schloss im Stil der niederländischen Renaissance. Der Dresdner Baumeister Gottftried Semper veröffentlicht einen eigenen Entwurf zum Schweriner Schlossbau.

1844	Der Baukondukteur Hermann Willebrand zeichnet eine Ideenskizze zum geplanten Schlossbau. Studienreise von Demmler und Willebrand nach Frankreich (Chambord) und England. Bau der vorderen Schlossbrücke (Stadtseite) und der Verbindungskais zur hinteren Schlossbrücke (Gartenseite)
1845	Demmlers dritter und endgültiger Schlossentwurf wird genehmigt. Baubeginn des neuen Schweriner Schlosses. Abbrucharbeiten, Fundamentierungen
1846	Erste Neubauten an der Nord- und Nordwestfassade
1847	Die Eisenbahnstrecke Schwerin–Hagenow (Anschluss nach Hamburg und Berlin) wird dem Verkehr übergeben. Das »Bischofshaus« innerhalb des Schlossensembles erhält ein neues Dach. Richtfest am Hauptturm des Schlosses
1848	Revolutionäre Unruhen in Schwerin. Proklamation des Großherzogs »An meine Mecklenburger«. Am Schloss wird weiter gebaut.
1850	Intensivstes Baujahr am Schweriner Schloss. Der Goldene Saal erhält sein Dach, der südwestliche Eckturm wird vollendet, die meisten Fassaden werden bis zum Hauptgesims emporgeführt. Demmler reicht sein Abschiedsgesuch ein.
1851	Entlassung Demmlers
1852	In Schwerin wird zum ersten Mal eine Oper von Richard Wagner aufgeführt (Tannhäuser).
1854	Rohbau des Schlosses im Wesentlichen vollendet
1855	Ausbau und Einweihung der Schlosskirche
1856	Arbeiten an der Innenausstattung des Schlosses
1857	Einrichtung des Waffensaales. Einweihung des neuen Schlosses
1860	Vollendung der großherzoglichen Wohnzimmer auf der Burggartenseite (»Reußische Kammern«)
1864	Vollendung der Wohnzimmer der Großherzogin Anna (»Hessische Zimmer«)
1877	Baubeginn des Museums auf den Fundamenten des Paul-Friedrich-Schlosses
1913	Großbrand im Schloss. Der Goldene Saal wird vernichtet.
1918	Abdankung des Großherzogs. Das Schloss geht 1919 in Landesbesitz über.

1921	In den historischen Räumen des Schlosses wird ein Museum eröffnet.
1942	Im Schloss wird ein Lazarett eingerichtet.
1948	Ausbau des Plenarsaals für das Parlament des Landes Mecklenburg
1952	Einrichtung einer Pädagogischen Fachschule zur Ausbildung von Kindergärtnerinnen und Unterstufenlehrerinnen. Im Plenarsaal tagt der Bezirkstag des Bezirkes Schwerin.
1961	Eröffnung des Polytechnischen Museums in der Orangerie
1974	Der Thronsaal wird als erster der restaurierten Repräsentationsräume der Öffentlichkeit übergeben.
1979	Das Schloss wird zum Denkmal von nationaler Bedeutung und internationalem Kunstwert erklärt und in die Zentrale Denkmalliste der DDR einbezogen.
1981	Die Pädagogische Fachschule verlässt das Schloss.
1984	Einrichtung der Galerie »Malerei in Mecklenburg« im Erdgeschoss des Schlosses. Rekonstruktion der Schlossbrücke (seit 1982) abgeschlossen
1989	Gründung eines Fördervereins zugunsten des Schweriner Schlosses
1990	Der neugewählte Landtag des Bundeslandes Mecklenburg-Vorpommern bestimmt das Schloss und damit die Stadt Schwerin zu seinem Sitz.
1994	Beginn der Restaurierung der vom Zerfall bedrohten Marmorstatue der Großherzogin Alexandrine im Grünhausgarten. Abschluss 1995
1995	Nach der Erarbeitung eines Grobnutzungskonzeptes von 1993 Bestätigung des Gesamtnutzungskonzeptes durch den Landtag von Mecklenburg-Vorpommern. Abschluss der Vergoldung der Hauptkuppel
2001	Wiedereröffnung der restaurierten Orangerie nach gut sechsjähriger Bauzeit
2007	Beginn der Bemühungen um die Aufnahme des Schlossensembles in die Liste des Weltkulturerbes
2009	Bundesgartenschau in der Umgebung des Schlosses
2010	Gutachten von Christoffer Hermann als Grundlage zur Bewerbung des Schweriner Schlosses für die Liste des Weltkulturerbes

Wandmalerei im Goldenen Saal (oben) und im Sagenzimmer. Aus der „Festschrift"

Wandmalerei im Sagenzimmer (oben) und im Goldenen Saal. Aus der „Festschrift"

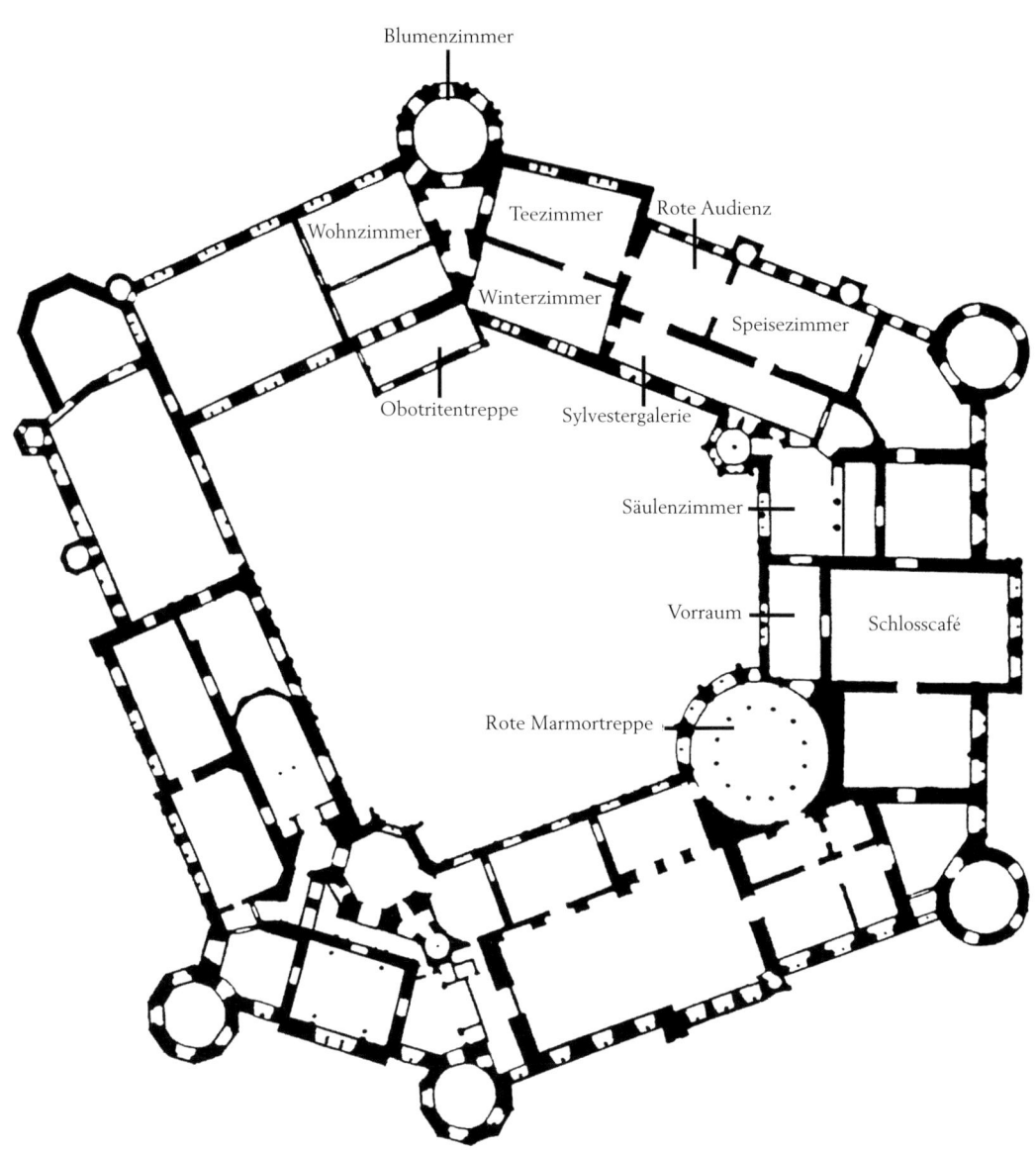

Anordnung der Räume in der Beletage

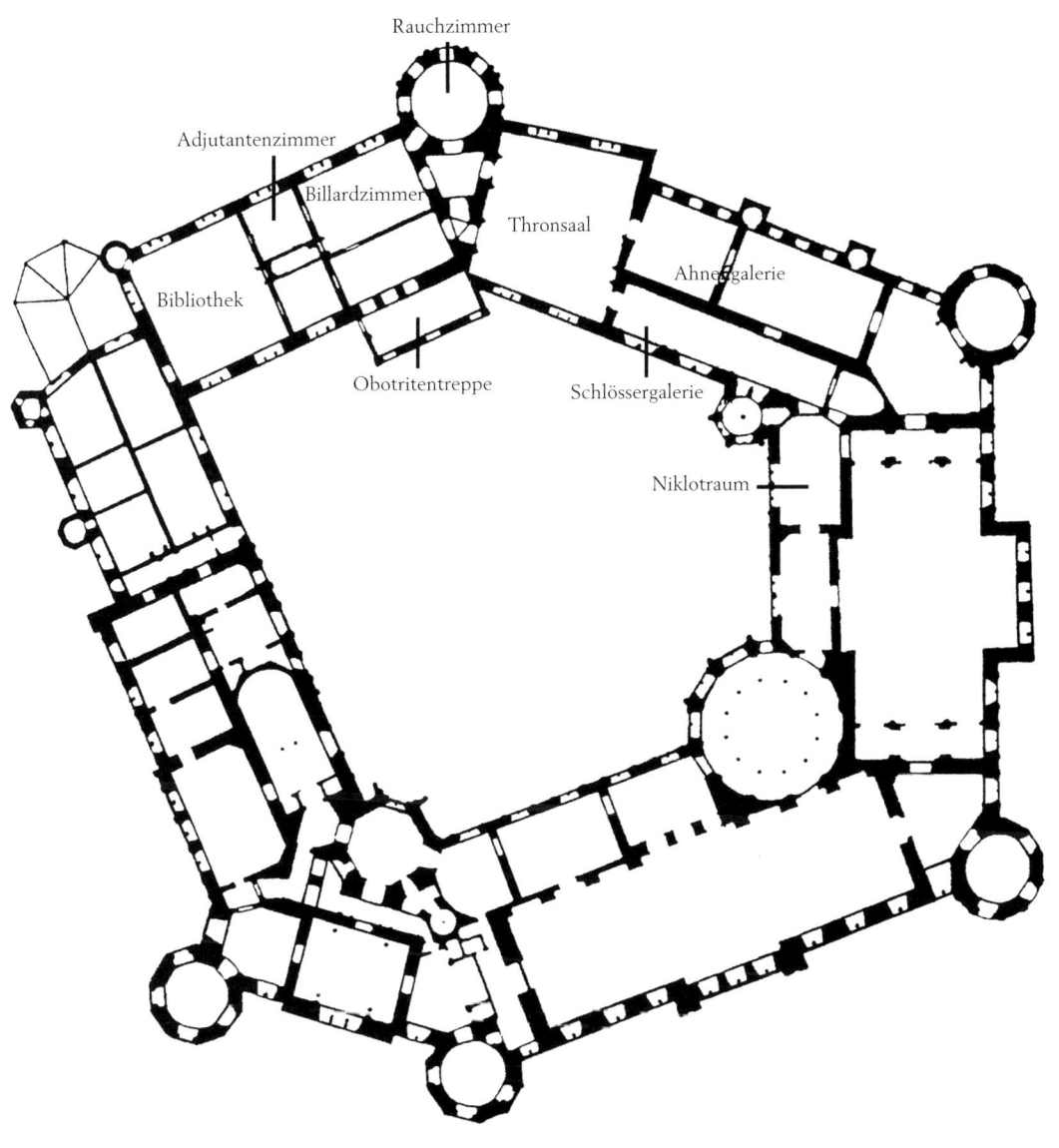

Raumordnung der Festetage

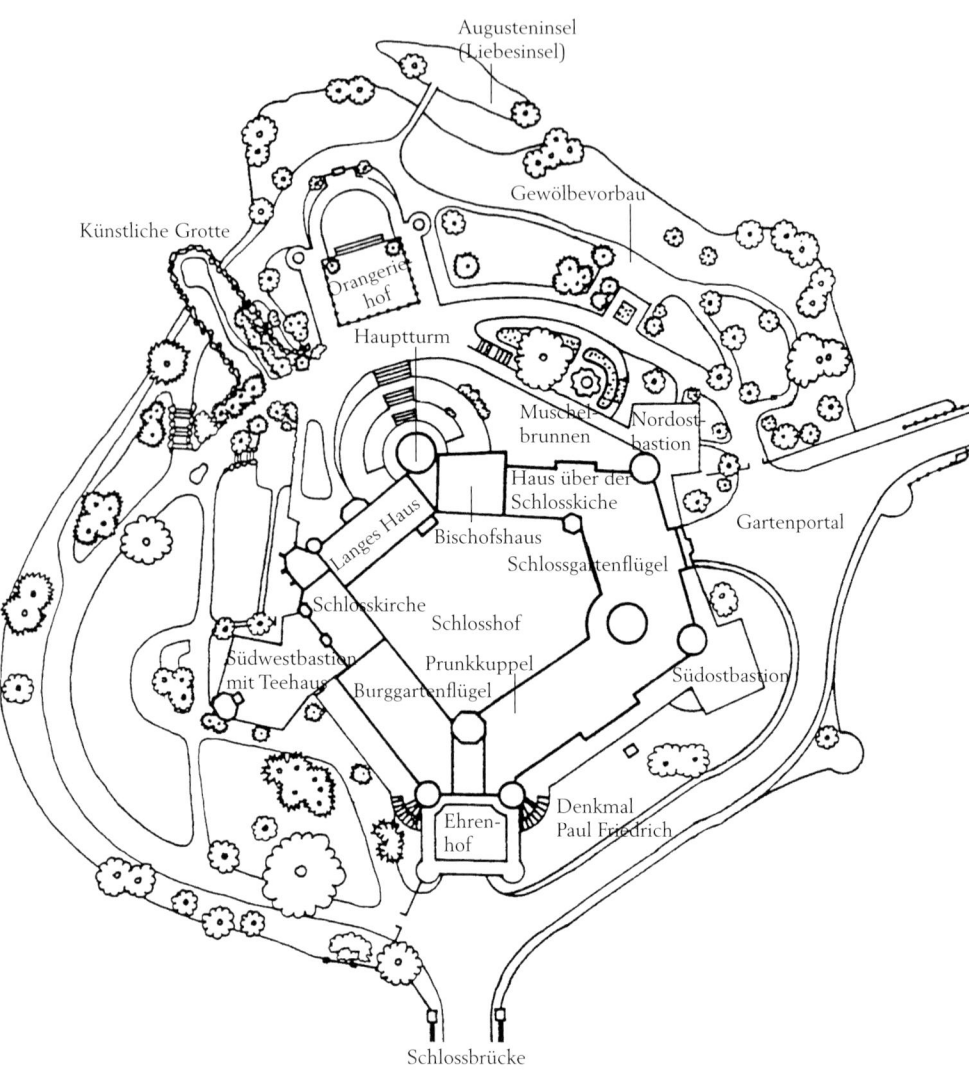

Plan der Schlossinsel

Stammtafel des Hauses Mecklenburg

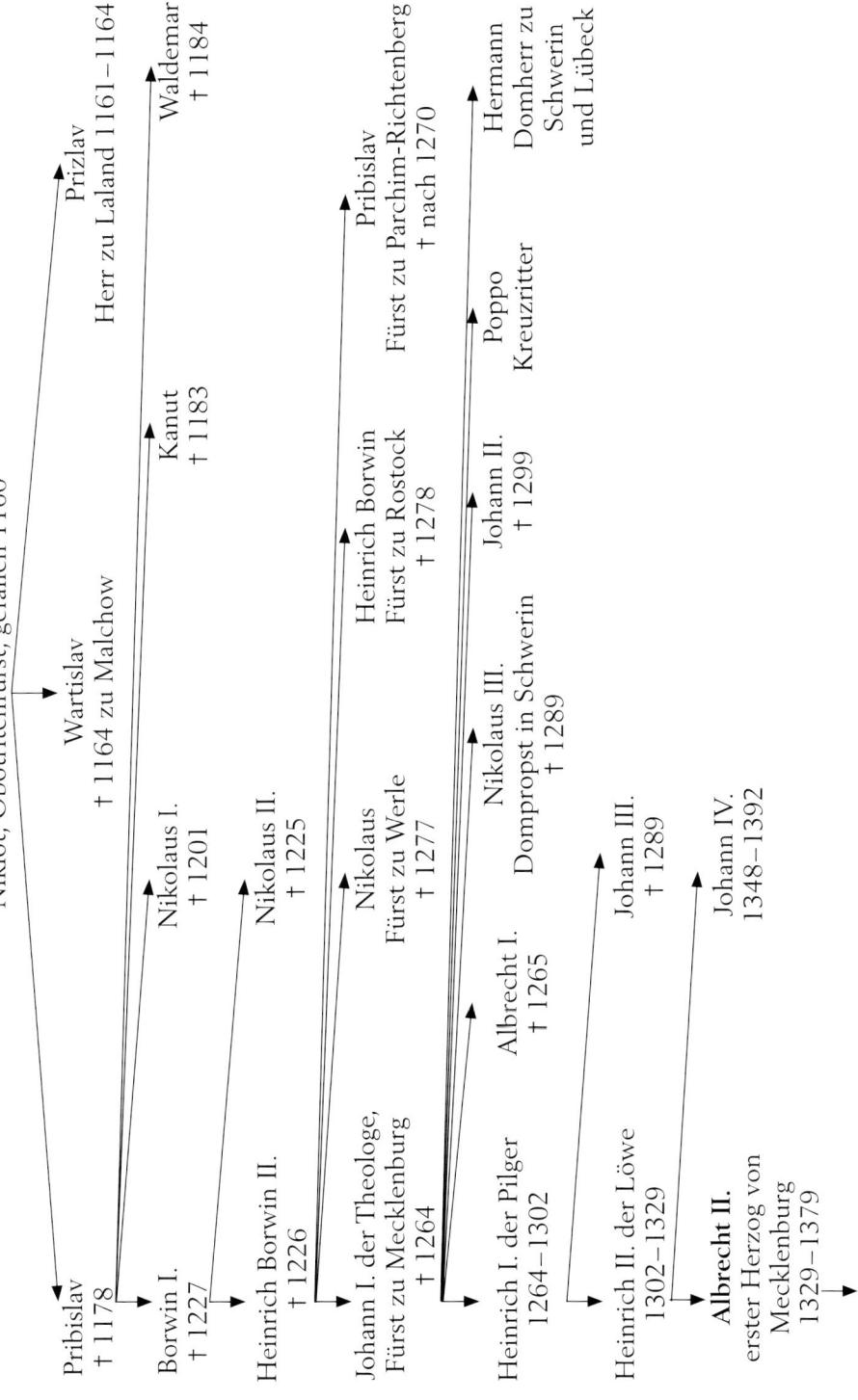

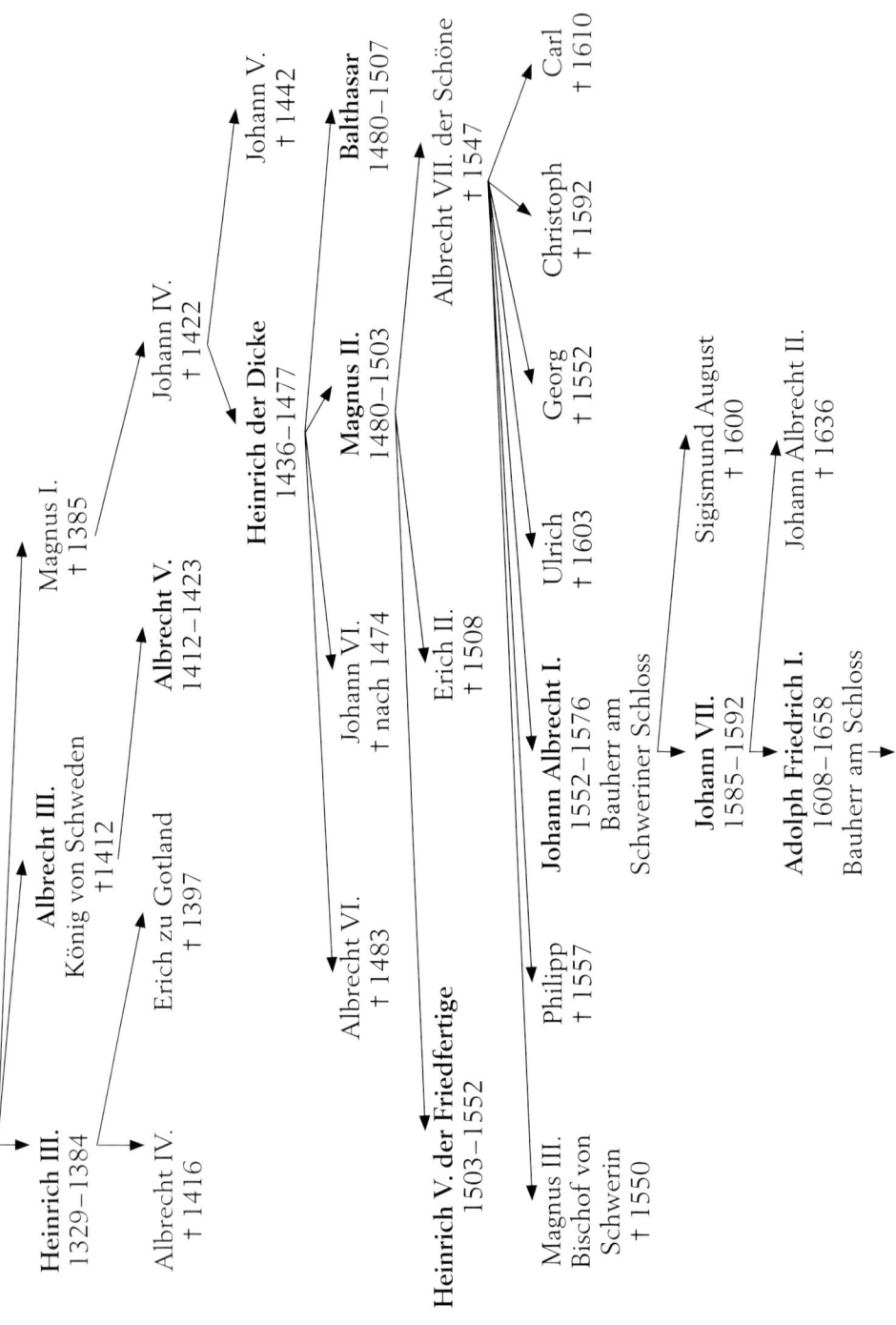

158 | Stammtafel des Hauses Mecklenburg

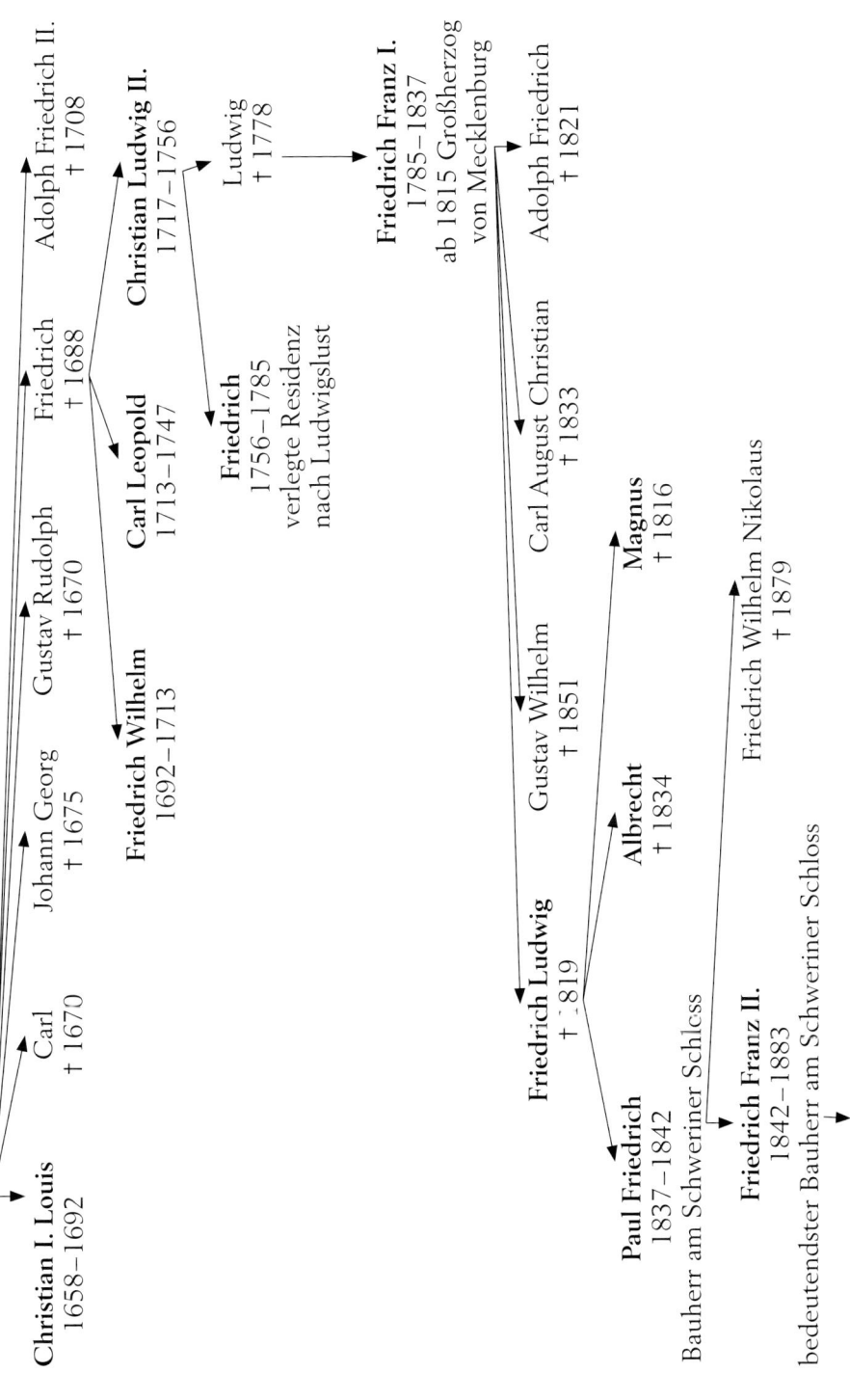

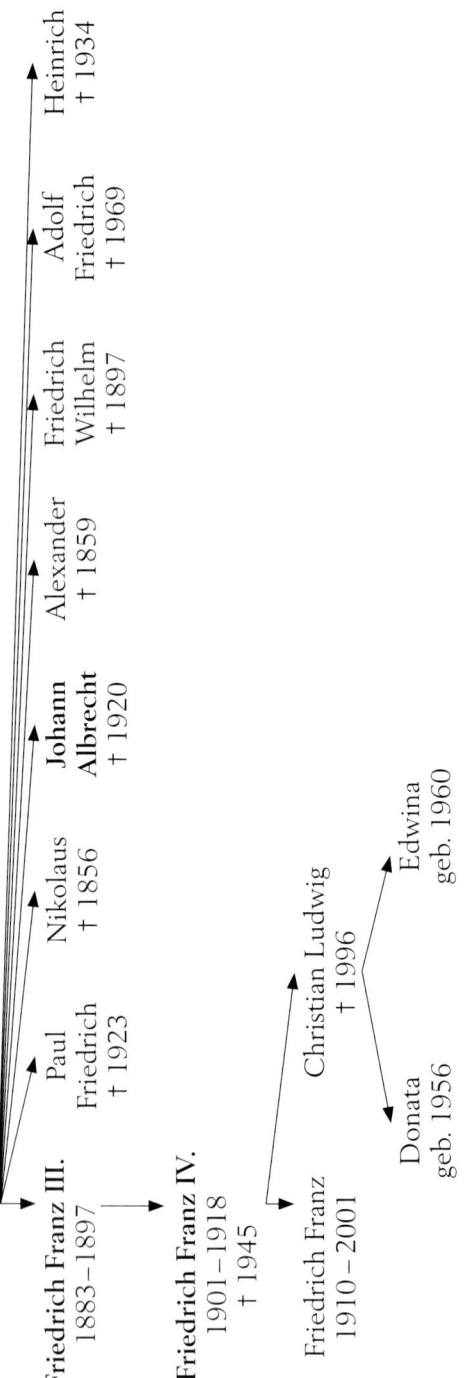

160 | Stammtafel des Hauses Mecklenburg

Summary

Scarcely another building in Mecklenburg-Vorpommern has become so much the centre of public interest as Schwerin Castle, the seat of the state parliament and a favourite tourist attraction, a backdrop steeped in history and with roots stretching back a thousand years, but a backdrop which itself has frequently changed, a building like a living organism. The charisma resulting from long historical gestation has remained so powerful that today all roads to and in Schwerin still appear to lead to the Castle.

The first information we have about a Slavic fort standing on its own island is over a thousand years old and comes from the report of an Arab traveller called Ibrahim ibn Jacub, in the year 973. This island castle was captured by Duke Heinrich the Lion in 1160 after it had been destroyed and abandoned by the Slavic Obodrite princes. Because of its favourable strategic position, Heinrich the Lion built a new castle on the foundations of the old and invested it with a count. The descendants of the Obodrite princes became vassals of the German Emperor, purchased the title of count, and from 1358 resided as dukes in Schwerin.

The island fort only became a real castle at the turn of the 15th/16th century when rulers were beginning generally to attach more importance to impressive residences. At that time, a number of imposing buildings were erected on the castle island, one of which still stands on the lake side of the island: the "Bishop's House", in which the throne room was later installed. Contiguous to this on the northern side, the "New Long House", originally erected around 1500, was rebuilt between 1553 and 1555 by Duke Johann Albrecht I.

Duke Johann Albrecht I also had a castle chapel added at right angles to the Great New House. It was based on plans by the architect Johann Baptista Parr, whose brother Franz Parr was involved in building Güstrow Castle.

Between 1635 and 1643 the "House above the Castle Kitchen" was erected to the south of the Bishop's House, and the church wing was raised to three storeys. At this time a staircase tower with onion dome and lantern was added to the Castle church. After the Thirty Years' War had reduced Mecklenburg to a desert and killed off two thirds of its population, Schwerin Castle also became delapidated because neither additional buildings nor maintenance work could be financed. After 1756 the residency was transferred to the hunting lodge at Klenow to the south of Schwerin. The lodge was replaced by a magnificent castle and surrounded by a town. It was not until the accession of Grand Duke Paul Friedrich in 1837 that the court moved back to Schwerin. Paul Friedrich did everything in his power to compensate Schwerin for the long period of neglect it had suffered and, with the help of his court architect Georg Adolph Demmler, to transform the town into a splendid residency with a new castle.

Demmler's first plans for the castle, in romantic English style, incorporated the old buildings. A large circular building containing the great hall was to be the centrepiece of the garden front and a flight of stairs to lead down to the lake. This set of plans was followed by two others and the conversion and new building began in 1845. The new archducal castle was, from the beginning, conceived as a monument by means of which a regional ruler demonstrated continuity and unquestioned succession.

In the revolutionary conflicts of 1848 Demmler sided with the liberal forces from the beginning. When the new constitution of 1849 was revoked by the Freienwald arbitration decision of 1850 and the old estates constitution of the previous century was reintroduced, Demmler expressed opposition, whereupon the government took disciplinary steps against him which led to his dismissal in 1851.

Senior Chief Architect Stüler from Berlin was placed in charge of building work and the official opening ceremony of Germany's last new residential castle took place in 1857.

One of the modern features of Schwerin Castle is the use of large numbers of industrially prefabricated elements and the prominent part played by cast iron. Those responsible were particularly proud of the combination of modern technical standards on the one hand, and historical continuity and tradition and the impressive, picturesqe visual effect achieved within an urban setting of lavish natural beauty, on the other. The Castle was and remains a symbol of identity for Schwerin and far beyond, which can even be compared to the symbolic potency of Cologne Cathedral, Wartburg Castle or the Brandenburg Gate. As a result of the November revolution of 1918 the grand duke abdicated and the Castle lost its original purpose forever. The new use to which it was put for several decades – as a museum and government offices – did not define an appropriate new role. After 1945 the Castle became the seat of the new state, and later district, parliament and also housed a training college for female nursery staff and primary-school teachers. After decades of ideologically motivated closure, several rooms of the Castle were once again opened to the public from 1974. The relatively wellpreserved throne room was restored, followed by the adjacent gallery with its paintings of grand-ducal castles and houses. Curators of historical monuments and restorers approached the restoration of these products of the stylistic epoch of historicism with great sensitivity and a willingness to learn, and they helped to display the artistic heritage of the past in an increasingly new way. Step by step, the inappropriate use of the magnificent rooms of the stateroom storey was brought to an end and all of them were opened up to streams of visitors and tourists.

The accession of the German Democratic Republic to the Federal Republic of Germany on 3 October 1990 brought with it the reconstitution or inauguration of the State of Mecklenburg-Vorpommern, with Schwerin as its capital. Once again the Castle became the seat of the state parliament and, while maintaining and gradually extending its role as a museum, it now has to fulfil new representative functions with farreaching programmatic consequences.

The administration of parliament and the offices of the parliamentary parties and individual members are housed mainly in the two wings of the Castle nearest the town and on either side of the main doorway, but also in the Burggarten, Burgsee and Schlossgarten wings. The Festetage and other rooms for meetings, gatherings and public events are situated in the Burggarten wing.

The Castle Museum, with the first and stateroom floors, is located in the lakeside parts of the buildings known as the "House over the Castle Church" and the "House over the Castle Kitchen". The "Painting in Mecklenburg" gallery is accommodated in the former ducal nursery rooms on the first floor. On the stateroom floor of the Castle the former living quarters of the grand duke are to be found, together with the ceremonial rooms. Passing through the library one enters the small adjutant's office and then the billiard and smoking rooms.

The most magnificent chamber in the Castle is the throne room, which extends through two storeys and has walls of highly varied design, with elaborate spatial disposition achieved through cornices, pilasters, columns and blind arches. For the sixteen columns dividing up the walls Carrara marble was used. The upper zone of the walls encloses 40 richly gilded blind arches containing the coats of arms of all the towns in the grand duchy of Mecklenburg-Schwerin, presented by putti of various kinds. The ceiling panels are decorated with painted allegories of love, loyalty, magnanimity and piety.

Next to the throne room lies the gallery of ancestral portraits with very effectively hung pictures of the counts, dukes and grand dukes of Mecklenburg-Schwerin.

The gardens of the Castle island also impress the eye and the heart with a sense of real delight. The Burggarten, which takes up the tradition of Roman villa gardens and the terraced gardens of the Italian Renaissance, is arranged in a series of planes negotiating a difference of elevation of twelve metres. One especially beautiful and picturesque part of the Burggarten is the low-lying area around the Muschelbrunnen (Shell Fountain). The different terraces are connected by flights of steps and ramps.

The figure of the Castle ghost, Petermännchen (Petermanikin), goes back to a roundel on the door of a cupboard stored in the museum. It shows a little man standing on stilts, dressed in 17th century costume, with a feathered hat, wide ruff, baggy pantaloons and riding boots with spurs.

This picture became both a starting point and a repository for countless legends. The Mecklenburg researcher into national customs and traditions, Richard Wossidlo, compiled 600 examples and thus rendered an outstanding service to the Petermännchen legend. The tenor of the stories varies. In some, Petermännchen appears as a benevolent imp, always ready to tease or play pranks; in others he is a prophetic voice announcing coming events. Sometimes he offers comfort to innocent people in distress or suffering persecution; sometimes he appears as the loyal servant of his master, the duke or grand duke. The Petermännchen tradition is far and away the most important part of Mecklenburg's legendry.

List of Illustrations

pages 6/7	View across the roofscape of the Schwerin Castle
page 9	Johann Karl August Richter: View of Schwerin from Werder. Contour etching
page 10	Main dome with the statue of archangel Michael
page 11	Main entrance
pages 14/15	Aerial photograph of the Castle and the neighbouring districts with the dome and St. Pauls church
pages 18/19	Aerial photograph, from the south-west
page 22	Monument to Grand Duchess Alexandrine in the Grünhausgarten, erected 1908
page 23	Pilaster figure at the cupola
pages 24/25	Caspar Merian: View of the town, 1653. Copperplate engraving
page 26	Burgsee facade
page 27	Gable of the Bishop's House, part of the garden facade
pages 32/33	Castle garden (Rotunda)
page 34	View over the tea pavilion to the Marstall peninsula
page 35	Orangery
page 38	Johann Poppel and Michael Kurz: View of Alter Garten across Burgsee. Steelplate engraving
page 38	August Achilles: The Collegiengebäude (Government Building), 1832. Lithograph
page 41	The throne of the dukes and grand dukes of Mecklenburg-Schwerin; behind it, a late 17th century appliqué tapestry with the Mecklenburg coat of arms
page 43	The Castle in Winter. Painting by Theodor Martens, 1882
page 44	Ideal portrait of Albrecht II, the first Duke of Mecklenburg, died 1379. Painting by Theodor Fischer for the gallery of ancestral portraits
page 45	Duke Albrecht the Handsome of Mecklenburg-Schwerin, died 1547. Copy by Cornelius Krommeny for the gallery of ancestral portraits
page 47	The layout plan of the Castle island and gardens before rebuilding

page 48	Anna Sophie of Prussia, wife of Johann Albrecht I of Mecklenburg-Schwerin. Painting circa 1574 by Peter van Boeckel, in the gallery of ancestral portraits
page 49	Duchess Catherine Ivanovna, born grand duchess of Russia, second wife of Duke Carl Leopold of Mecklenburg-Schwerin, died 1733. Painting in the gallery of ancestral portraits
page 52	Terracotta decoration in the Castle courtyard
page 53	Inner courtyard with the Obodrite steps. From the „Festschrift", a detailed description of the new building, published in 1869
page 55	Hermann Willebrand: Georg Adolph Demmler's first plan for rebuilding the Castle 1842, town front. Pencil, brush, tinted
page 56	Interior of the Castle church with its neo-Gothic additions of 1855. From the "Festschrift"
page 57	View of the neo-Gothic choir added to the Castle church. From the "Festschrift"
page 58	Georg Adolph Demmler's second plan (detail)
pages 60/61	View of the Lake Side of the Old Castle. Painting by Theodor Schloepke, 1845
page 62	Georg Adolph Demmler: View of the Grand Ducal Castle Residence at Schwerin from the Town Side, 1850. Pencil drawing, light wash (third plan)
page 63	Georg Adolph Demmler: View of the Grand Ducal Castle Residence at Schwerin from the Burgsee Side, 1850. Pencil drawing, light wash (third plan)
pages 64/65	Model of the old Castle
page 67	Hermann Willebrand: View of the Castle Residence at Schwerin from the Lake Side, 1850. Pencil drawing, light wash
page 70	Throne room with throne and baldachin
page 71	View of the Throne Room. Water colour by Franz Huth, 1938
page 75	Georg Adolph Demmler. Lithograph by C. Schultz
page 76	Detail of a door in the throne room
page 77	Coats of arms of Mecklenburg towns along the upper walls of the throne room
page 80	Detail of the upper walls of the throne room with Mecklenburg orders
page 81	Detail of the upper-wall and ceiling area in the throne room

pages 84/85	The ceiling of the throne room
pages 88/89	Archducal house in Heiligendamm. Wall painting by Friedrich Jentzen in the gallery of castles
pages 92/93	Güstrow Castle. Wall painting by Friedrich Jentzen in the gallery of castles
page 96	Ludwigslust Castle. Wall painting by Friedrich Jentzen in the gallery of castles
page 97	Inner courtyard of the new Schwerin Castle. From the "Festschrift"
pages 100/101	A corner of the gallery of ancestral portraits
page 103	Layout plan of the Castle and the Castle island. Cross section through the main storey
page 104	Detail of inlaid work on a table in the dining room
page 105	Dining room walls
page 108	The Red Audience Chamber
page 109	The oriel room. From the "Festschrift"
pages 112/113	The dining room
page 116	Grand Duke Friedrich Franz II of Mecklenburg-Schwerin. Painting by Franz Krüger in the throne room
page 117	Grand Duchess Auguste of Mecklenburg-Schwerin. Painting by Friedrich Kaulbach in the throne room
pages 120/121	The Golden Hall of the Castle, destroyed by fire in 1913. From the "Festschrift" (detail)
pages 124/125	Anteroom of the royal apartment. From the "Festschrift"
page 128	The flower room. From the "Festschrift" (detail)
page 129	Wall painting from the Sylvester gallery by C. G. Ch. Schumacher
page 132	The "Petermännchen" (Petermanikin). Detail from a cupboard door
page 133	Intarsia floor in the throne room. Detail
page 136	Plenary room of the Mecklenburg-Vorpommern state parliament
page 137	Meeting room of the parliament (The "octagonal room")
page 140	Meeting room of the council of elders
page 142	The Castle café (formerly the Royal Chamber)
page 147	The old an the new castle on a medal of H. Wilck, 1857
page 152/153	Wall paintings in the Golden Hall and in the Room of Legends
page 154	Room layout of the first floor
page 155	Room layout of the stateroom floor
page 156	Plan of the Schlossinsel (Castle Island)

Bildnachweis
Cover: Timm Allrich, Schwerin
S. 9, 24, 38 (2), 47, 55, 58, 62, 63, 67, 75: Archiv Hinstorff Verlag GmbH, Rostock
43, 60/61, 147: Staatliches Museum Schwerin (G 2971, G 1952, Mü 2776)
53, 56, 57, 97, 109, 120/121, 124/125, 128: Universitätsbibliothek Rostock
142: Schweriner-Schloss-Restaurants
Alle weiteren Aufnahmen: Rainer Cordes, Schwerin

Besonderer Dank gebührt Frau Heide Haarländer, Rostock, sowie Frau Claudia Richter und Herrn Dr. Torsten Fried, Schwerin, für ihre freundliche Unterstützung.

Die Deutsche Bibliothek verzeichnet diese Publikation in der Deutschen Nationalbibliografie, detaillierte bibliografische Daten sind im Internet über http://dnb.ddb.de abrufbar.

© Hinstorff Verlag GmbH, Rostock 1997
Lagerstraße 7, 18055 Rostock
Tel. 0381 / 4969-0
www.hinstorff.de

Alle Rechte vorbehalten. Reproduktionen, Speicherungen in Datenverarbeitungsanlagen, Wiedergabe auf fotomechanischen, elektronischen oder ähnlichen Wegen, Vortrag und Funk – auch auszugsweise – nur mit Genehmigung des Verlages

Überarbeitete Neuausgabe 2012

Herstellung: Hinstorff Verlag GmbH
Lektorat: Dr. Florian Ostrop
Druck und Bindung: freiburger graphische betriebe GmbH & Co. KG
Printed in Germany
ISBN 978-3-356-01536-2